共赢领导力

带团队、出成果、上下同心的实战领导力

张致铭　吴志祥 ◎ 著

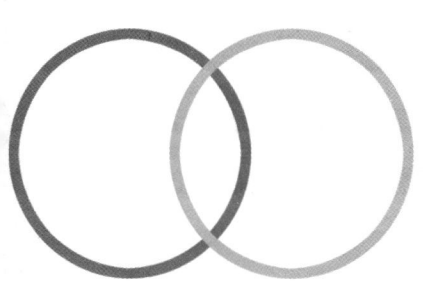

中国商业出版社

图书在版编目（CIP）数据

共赢领导力：带团队、出成果、上下同心的实战领导力 / 张致铭，吴志祥著 . -- 北京：中国商业出版社，2022.11

ISBN 978-7-5208-2265-7

Ⅰ . ①共… Ⅱ . ①张… ②吴… Ⅲ . ①领导学 Ⅳ . ①C933

中国版本图书馆CIP数据核字（2022）第191797号

责任编辑：包晓嫱
（策划编辑：佟 彤）

中国商业出版社出版发行
（www.zgsycb.com 100053 北京广安门内报国寺1号）
总编室：010-63180647　　编辑室：010-83118925
发行部：010-83120835/8286
新华书店经销
香河县宏润印刷有限公司印刷

*

880毫米×1230毫米　　32开　7.5印张　130千字
2022年11月第1版　2022年11月第1次印刷
定价：68.00元

****

（如有印装质量问题可更换）

推荐序

无数企业的经营实践证明：唯有提升领导力，人们才会追随你，组织才能变得更强壮。

"欲戴王冠，必承其重。"我认为，一个领导力低下的管理者，是难以驾驭一个庞大组织的，他们只能让一个如日中天的企业滑向低谷，甚至在温水煮青蛙中慢慢走向死亡。在市场竞争白热化的今天，对于企业来说，领导力不足的管理者是非常危险的。

"火车跑得快，全靠车头带。"如果把企业看作一列火车，那么，高层管理者则扮演着火车头的角色。而能不能把队伍带好，能不能让组织更团结、更具凝聚力，能不能激发每一个组织成员的潜力，关键在于高层管理者的领导力水平。一个具有远见卓识、具备超强领导力的企业领导者，哪怕面临的是小规模、濒临破产的企业，也会迸发出无穷的力量力挽狂澜，创造出令人惊叹的商业奇迹。

共赢领导力
——带团队、出成果、上下同心的实战领导力

在社会分工越来越精细化的今天，单打独斗是难以制胜的，即便是主播、网络红人等看似"个体"的品牌，其背后也有团队在运营。在这样的大环境下，谁能拥有更多的追随者，谁就能聚集起更强大、更有规模的团队，从而形成碾压式的竞争优势。

在企业管理领域，"领导力"并不鲜见，恰恰相反，这是一个出现频次非常高的词。美国著名管理学家、管理过程学派主要代表人哈罗德·孔茨认为，"领导力是一种影响力，领导即一种影响过程，是影响人们心甘情愿和满怀热情为实现组织目标而努力的艺术或者过程"。领导力本质上是一种影响力，只有忘掉自己的利益，放弃对抗，与更多人建立共赢关系，才能大力提升影响力，促使领导力真正发挥作用。

总之，领导力是把握组织的使命及动员人们围绕这个使命奋斗的一种能力。尽管不同人的领导风格与个人的性格、特征等息息相关，但领导力并不是与生俱来的，只要我们愿意付出努力，每个人都可以提升自己的领导力，赢得更多人的追随。

中恩教育董事长　贺传智

2022 年 5 月 1 日　于南京

前言

企业的荣耀与衰落,都源自领导力。

我认为,对于一个企业而言,最大的危机、最大的危险和最大的问题,不是来自竞争对手和外部环境,而是来自企业内部的管理,其中领导力是最为重要的。在当前全球经济环境越来越不可测、越来越不确定的情况下,企业将面临越来越多的挑战,而拥有超强领导力的管理者是确保企业平安度过艰难时期的重要因素。

不少企业发现,一些战略决策在制定的时候非常容易,但一旦实施起来,就变得非常困难,往往让企业陷入无意义的内耗,导致很多商业机会白白溜走,企业人员却无计可施。导致这种局面出现的原因,就是企业管理者的领导力出现了问题。因为在现实中,领导力会对企业的战略方向产生重要影响。

对于个人而言,管理者通过提高自身的领导力,管理、领导好自己的团队,在成就团队的同时,也实现了自身价值的提升。管理者就像是乐队的指挥家，指挥家自己从来不演奏任何乐器，但指挥家用他的影响力让所有乐师相互配合音乐才能得以发挥，人们常说："没有糟糕的乐团，只有糟糕的指挥。"领导力又何尝不是呢？

格雷格·波波维奇是马刺的主帅，是NBA最成功的教练之一，在他执教马刺的20年时间里，取得了傲人的成绩，堪称传奇，三获年度最佳，1000场胜利，5个总冠军。可见，波波维奇的领导力不同凡响。虽然我们不得不承认他是一个不折不扣的"暴君"，暴躁、尖酸刻薄、追求细节、不留情面……但这丝毫掩盖不了他的优秀。

不管球员表现多好，波波维奇总是视而不见，可球员要是犯了错误，他那副咆哮的面孔，会让球员彻夜难眠。但在球场外，波波维奇却又是一个十足有趣的人，一个人见人夸的大好人。

就是这么一个奇葩教练员，将马刺打造成了一支既欢乐又奇葩的球队，球队的氛围非常融洽，波波维奇和运动员之间建立起了深厚的感情，他们彼此信任，彼此支持，缔造了一个又一个传奇，同时也使波波维奇声名大噪，成为卓越的教练。

而管理一家企业同带领一支球队一样，同样需要有位卓越的管理者。在企业中，成为优秀的管理者，不仅是管理者的个人追求，更是团队、企业或平台良好发展的前提，因为优秀的组织由此建立，卓越的绩效由此产生。

不管您是企业老板还是企业高管，都应该深刻地认识到领导力的重要性。《共赢领导力》一书从打造卓越领导力、掌握有效沟通的艺术、培育卓越领导力的内在素质、共赢领导力需要有使命、优秀高管的素养和高管执行力六大方面，讲明了企业该如何构建共赢领导力。书中具象材料丰富，所举例子贴合实际，可模仿、可操作性强，是一本企业高管提升领导力、打造"共赢"团队的必备读物。

第一章 打造卓越领导力

一、从一线员工到管理者的转型 / 2

二、如何理解高管的"领导力" / 6

第二章 掌握有效沟通的艺术

一、有效沟通的诀窍 / 58

二、向上沟通:对上级"八项注意" / 62

三、平级沟通:对自己"六项要求" / 68

四、向下沟通:对下级"给予管理" / 73

第三章　培育卓越领导力的内在素质

一、领导力的本质：达成目标 / 82

二、做高层级的领导者 / 85

三、领导力的"四大误区" / 89

四、切忌触碰领导力的"三把刀" / 93

五、找到领导力的"两把金钥匙" / 96

六、培养领导力的"四大品格" / 100

第四章　共赢领导力需要有使命

一、高管两大使命 / 108

二、是什么阻碍了"交给" / 116

三、高管的隐形工作：托起 / 118

四、"托起"的必备素质：承担 / 122

五、企业带头人也要有使命 / 124

第五章 优秀高管的素养

一、高管的本质:发现与解决问题 / 132

二、高管的两大特质 / 136

三、优秀高管的"四大思维"之立场思维 / 140

四、优秀高管的"四大思维"之平台思维 / 145

五、优秀高管的"四大思维"之能量思维 / 149

六、优秀高管的"四大思维"之价值思维 / 153

七、要避开"五大雷区" / 158

第六章 高管执行力

一、执行力不是学出来的,是干出来的 / 166

二、提升执行力,应以成果为导向 / 171

三、成果思维,而非任务思维 / 175

四、执行的核心命脉:带动 / 179

五、五项带动 / 181

六、执行有五大黄金步骤 / 197

后记 / 222

第一章
打造卓越领导力

高层管理者是企业的核心人员,上承战略、下接执行,还肩负着打造高绩效团队的责任。如何"带团队、拿成果、上下同心"?不能仅靠管理力,还要靠领导力。

一、从一线员工到管理者的转型

前不久，A化妆品公司的销售主管离职了，销售部群龙无首，业绩直线下降，公司决定在销售部内部选择一个业绩最好的销售员赵某担任销售主管。赵某在公司已经工作四五年了，一直勤勤恳恳，兢兢业业，业绩也一直名列前茅，选择这样的人担任销售主管，可谓是实至名归。

可赵某上任半年了，销售部的业绩一直没有什么起色。公司的领导也很纳闷，赵某自上任以来，工作比以前更努力了，为什么整个团队的销售业绩提高不上去呢？难道是选错了人吗？

要回答这个问题，我们就要从一线员工到管理者的转型说起。也就是说，一个在一线业务干得非常好的人，不一定能胜任管理层的工作。这是因为这两个岗位的胜任力是不太一样的，所以要实现从一线员工到管理者的华丽蜕变，需要做好以下三个方面的转型。

（1）思维观念的转型。

一线员工通常关注的是具体事件，习惯从个人的角度去思考、分析问题，只想着把眼前的事情做好、做正确。而管理者除了关注事件本身之外，还要有全局意识，从团队的角度看待问题，每天的工作更多的是规划，更多地关注下属的工作进展等，这种思维观念上的转变，不是一朝一夕就能做到的，而是需要经过一段时间的磨炼和学习。

在文章开头这个案例中，赵某做销售员非常优秀，却当不好主管，也与思维观念有关。这种岗位上的变化，让他有些无所适从，如果依然按照以前工作的思维观念行事，目光就有些短浅了，这就是他无法胜任销售主管职位的重要原因。

（2）工作能力的转型。

作为一线销售员，他要做的工作是谈客户，和客户签订销售合同，提高业绩，工作内容相对简单。但是作为一个管理者，他的主要工作就不再只是提高自己的业绩。如果是一个公司的总经理，那么，他的工作是努力提高自己的业绩重要，还是带领整个公司的人去提高业绩重要呢？

答案显然是后者。作为一个管理者，最重要的工作是管理和帮助更多的人，提高整个公司的发展能力。因此，管理者的工作通常比较分散，要做的事情比较多，需要合理地分配时间和精力，这就需要实现工作能力的转型。

（3）工作方式的转型。

每个工作岗位的工作方式都不同，从一线员工到管理者，在工作方式方面，应该从四个维度来进行改变和升级。

首先，是界定和布置工作。

从一线员工转型到管理者，工作界定和工作布置就会发生改变。一线员工要具备更多的执行力，就如同部队里的普通战士，他们要听从指挥，上级怎么安排就怎么执行，认真执行是主要工作。

但管理者更多的是具备计划和策划能力，就如同部队中的排长、连长，他不仅要听从上级的指挥，还要会做部署和计划，让他们的"士兵"更好地去完成工作。

其次，是与上下级的沟通。

在管理者的诸多能力中，沟通能力是最重要的一项。著名组织管理学家巴纳德认为："沟通是把一个组织中的成员联系在一起，以实现共同目标的手段。"这句话也说明了沟通的重要性，没有沟通，就谈不上管理。

管理者起到的是承上启下的作用，一方面管理者要向领导汇报工作，另一方面管理者又要为下属部署工作，因此沟通非常重要。如果沟通能力差，既不能很好地领会和理解上级领导的工作意图，又不能很好地让下属明白工作内容，从而导致整个公司从领导层到普通员工的沟通不畅，就会给工作带来严重的负面影响。

再次，是人员的选拔。

管理者向公司推荐合适的人，也是职责之一，人事决策是管理者所有决策中最重要的决策之一。德鲁克认为，管理者在人事决策上所花费的时间、精力比任何决策都要多，因为人事决策对公司的影响最深远。

如果安排某个人到某个岗位，工作毫无起色，那么，错误绝不是这个人，而是安排这个人的管理者。作为管理者，要知人善任，在选拔人才时，不要给新人安排重要的新任务，而是应该把高水平的人安排到成熟的岗位。

最后，是工作的授权。

"独木不成林，单丝不成线。"很多事情不是靠单打独斗就能做好的，而是需要由一个团队来协作，才能把事情做好。狼性通常被认为是一种团队精神，狼群在捕捉猎物时，所有狼都各司其职、团结协作，头狼负责作战部署，安排每匹狼的具体工作任务，下达作战命令。

其中有的狼负责声东击西，假装去攻击猎物，使猎物朝一个方向奔跑，从而正中狼群的圈套。在团队合作之下，狼群捕获猎物，然后分给每匹狼"战利品"，但是不出力的狼是没有食物的，不能为狼群做贡献的狼是不被狼群接纳和认可的。

当它们遇到强大的敌人时，团队更会紧密合作，一起克服困难，战胜敌人。如果遇到危险不幸被困住，它们绝不会放弃同伴，而是一同克敌，生死与共，这就是团结的力量。

二、如何理解高管的"领导力"

管理者与领导者虽然都属于管理的范畴，但二者对人的要求却有着很大的不同。从管理者到领导者，不仅是角色的转变，还包括能力和自身要求的重新调整。领导者是走在队伍最前面的人，他要做好三个方面的工作，即"领""导""力"。

（一）做好工作部署有四项措施

什么是领导力呢？通俗的理解就是，领导者引导并激励团队成员，共同去实现更高、更远目标的能力。

"领导力"中的"领"字，从字面意思来看，是带领方向、带领目标之意。领导者有方向、有目标，才能带领团队向前走。高管的领导职责主要表现在三个方面：一是干什么；二是怎么干；三是执行力。

"干什么"指的是工作方向，领导者必须给下属指明正确的工作方向和工作部署，这样下属的工作才能有成效。这就好比排长带队打仗，若排长的部署是错误的，不仅打不赢这场战争，还有可能导致全军覆没。

领导者接到公司派遣的任务后，第一件事要做的不是怎么干，而是确定要干什么。这是明确工作方向和工作部署的范畴，如果不能明确这两点，很可能带领团队努力了很久，最终却发现方向错误，南辕北辙。

"怎么干"指的是工作能力的提高，即领导者要学会赋能团队、培养团队。如何赋能和培养团队呢？这就需要领导者在平时的工作中不断地和员工分享自己的工作方法和经验，经常培训团队，提升整个团队的战斗力。

执行力，是指领导者要监督、激励、管理、考核团队，提高整个团队的工作效率。

好的结果都是设计出来的，优秀的领导者一定要善于做工作部署，即定方向、做规划、管执行、做反馈。

首先，要定方向。

1952年7月的一天清晨，加利福尼亚海岸下起了大雾，在海岸西面一个叫卡塔林纳的岛上，43岁的弗罗伦丝·查德威克准备从太平洋游向加州海岸，有成千上万的人坐在电视机前观看这次直播。因为雾太大，以致她几乎看不到护送她的船。时间在慢慢地过去，有好几次，鲨鱼与查德威克近在咫尺，又都被人开枪吓跑了。

15小时后，查德威克坚持不住了，她冻得浑身发麻，再也游不动了，于是就叫人把她拉上船。她的教练和母亲着急地告诉她离海岸已经很近了，让她再坚持一下，不要放弃。可她朝加州海岸望去，除了漫天浓雾之外，她什么都看不见。

查德威克上船后，才得知自己当时距离加州海岸只有半英里，她十分懊悔。后来她说令自己半途而废的不是寒冷，也不是疲劳，而是因为在浓雾中她看不到目标。

目标即方向，往大了说是愿景、战略目标，往小了说是工作导向、具体目标，归纳起来就是要明确"干什么"，这是领导者的核心职责之一。

员工跟领导者的工作职责是有根本区别的。员工是要去"做"，即执行，按照领导者的要求去做具体的工作；而领导者的任务，就是首先要确定团队的工作方向、工作目标，领导者要告诉员工：我们要干什么，要实现什么样的目标。有了看得见的方向、摸得着的目标，员工才能产生动力，才会有效地执行。

老板要定方向、定战略，企业中的高管也需要如此。企业都要在岁末年初制订年度经营计划，高管要确定管辖范围内的工作方向、目标，这样才能为团队成员指明一个年度内的工作导向，才能带领员工成功到达"海岸线"。不仅如此，在这一年之中，高管还需要经常检查团队的工作是否偏离了方向，要及时纠偏和调整，保证员工在正确的轨道上工作。

其次，是做规划。

做规划是指领导者做好工作布局和部署，帮助团队成员找到实现工作方向、目标的举措，并做出规划安排。

比如，某公司销售部定下了年销售5000万元订单的目标，这一目标如何去实现呢？有些高管定了这一目标，可能就不再有更进一步的规划布局了，而是把大量的工作时间用来检查员工完成了多少、进度如何，然后到月底或年底，根据员工目标达成程度给予奖罚。这是低效的管理方式，更谈不上领导力。

为什么这么说？这依然是领导者的职责所要求的。定方向、定目标是确定"干什么"，为了实现目标，下一步就要明确"怎么干"。"怎么干"不能靠员工自己去想，因为员工很有可能想不明白"怎么干"，任凭员工去想"怎么干"或者按照他自己的想法去干，就可能发生偏差或错误，导致事倍功半。这需要领导者发挥作用。

共赢领导力
——带团队、出成果、上下同心的实战领导力

高管之所以能成为高管,就是因为他们业务能力突出,能够引领团队中的员工干成、干好工作。

领导者要对如何实现目标做出规划和部署。比如,如何实现年销售5000万元的目标?这需要明确措施。首先,找出5000万元订单中哪一类产品的销售额是占比最高的,假如A类产品最有可能完成3000万元订单,接下来还要将这3000万元订单继续拆分。其次,思考需要哪些人购买,可能购买的人数是多少,如何对这些客户进行拜访,包括何时拜访,一共要拜访几次,每次拜访的话题是什么,等等。成交可能是一瞬间的事情,但是在成交之前所做的营销工作是需要进行详细部署的。而这,恰恰是领导者的主要职责,不可下放。

需要注意的是,优秀的领导者不是自己独立思考如何实现工作目标,而是会组织团队成员共同思考。这是为什么呢?是为了集思广益,更是为了通过这一方式提升员工的工作能力。通过头脑风暴的方式,一方面可以促使员工开动头脑,让他们自己去总结成功经验和失败教训;另一方面,从实践中提取出有效的策略和方法,使之被员工认可,提高执行效率,而且通过"归纳—总结—提炼"提升员工职业能力。

另外,领导者在部署过程中要善于抓住主要工作。作为领导

者，工作内容有很多，如果分不清主次、轻重缓急，眉毛胡子一把抓，就有可能捡了芝麻，丢了西瓜。因此，要把95%的时间和精力用在干一件重要的事情上，这一重要的事情就是人才工作。不论是销售业绩，还是工作任务，都需要人才来实现。抓住了人才，业绩和任务自然就能够达成。如何抓人才呢？领导者需要学会识别人才、培养人才、激励人才、发展人才，所以人才工作应当成为领导者的核心工作部署。

再次，是管执行。

因职责定位，领导者一般不会亲自去做具体工作，而是由员工来做。领导者通过管理员工的工作来实现既定的目标和方向。在这一过程中，领导者必须承担起"管执行"的重任。

执行为什么要被管？因为不被管理的执行肯定会出问题，既难以实现预定的目标，又会偏离既定的方向。这是客观现实，也是企业管理实践中非常常见的现象，执行力差、执行难，是多数企业老板为之头疼的管理痼疾。

高管是组织的"腰"，是企业内部管理的顶梁柱，也是解决执行问题的关键力量。那么，该如何管执行呢？

"管执行"是一门科学的学问，在本书第六章会有详细的阐述。总体来说，"管执行"要管好三个因素：人、进度和成果。

管人：要选择合适的人，选择能够干好本职工作、做出高绩效的人才；要关注人才的工作情况和精神状态，及时沟通、做好影响，让人才始终保持较好的工作状态；要及时奖励人才，通过物质奖励、荣誉奖励让他们保持战斗力和责任心。

管进度：明确了工作部署和规划，还需要制订具体工作的推进计划和时间节点；要按照推进计划表检查员工的执行进度，帮助员工解决影响工作推进的阻碍因素，并及时提供支持和帮助；当员工工作推进遇到难以解决的问题时，要能够"向上管理"，或者再做规划和部署。

管成果：要为员工树立成果导向的思维方式，督促员工去"做到"而不是去"做"，要拿到绩效成果，实现目标。

最后，是做反馈。

领导者的工作部署要做到闭环，且要遵循 PDCA 的循环。

P：计划，或者规划，领导者要制定目标，并且明确实现目标的举措和规划；

D：执行，领导者要组织员工去推进具体的工作；

C：检查，领导者要检查员工工作任务的执行进度，并及时纠偏、调整；

A：处理和改进。

"定方向""做规划""管执行"是 PDC 的内涵,那么"做反馈"就是 A,这是工作部署非常重要的一环,对于领导者来说,是不可缺少的工作环节。

那么,处理和改进具体是做什么呢?

第一,领导者检查员工的工作成果、给予奖励后,并不意味着管理工作的结束,还需要组织团队成员做复盘。分析该项工作是如何做的,有哪些好的方法,有哪些失败的教训可以吸取,有没有更好的做法来提高执行力。

第二,领导者需要对任务执行者做面谈并予以适度的反馈。比如,员工有哪些好的表现,工作状态如何,还存在哪些方面的不足,应该如何调整状态提升工作能力,以及有什么需求或者诉求,需要向上级反映,等等。

做反馈就是要分析工作任务的执行效果,总结经验教训,提出改进措施,帮扶员工成长,从而提升员工工作能力,提高组织的执行力和团队的工作效率。

高管不仅仅是工作任务的规划和执行管控者,还要成为一名优秀的领导者,要从管理目标的达成转变为持续提升组织能力来实现目标,不断提高工作效率和产出效益,实现企业和员工的双赢和共同发展。

（二）既做教导，也要辅导

"领导力"中的"导"是教导和辅导的意思，教导是为了提高下属的能力，辅导是为了稳定下属的心态。因此，负责教导和辅导工作的人，往往是一个团队中重要的角色。

一个团队是否优秀，不仅要看团队的能力，还要看有没有好的心态，心态不稳，工作就容易出问题。如何做好教导和辅导工作呢？具体有以下三点。

1. 教与练

什么是教导呢？就是教育、指导。领导者的重要职责之一就是通过教导来提高团队成员的能力。高管要想成为一名优秀的领导者，就要先让自己成为一个教练。教练的职责就是教和练。"教"是指教育，传授知识和经验，提高员工的能力。领导者带团队，要将自己工作的经验和方法教给员工，当员工遇到问题的时候，领导者一定要及时指出，并指导他改正，避免再犯错。

"练"是指训练。很多高管都会犯一个错误，就是当员工在工作中遇到困难时，高管只告诉他如何去解决，事后就不管不问。他觉得告诉员工方法就够了，其实不然，这是教的内容，却没有让员工好好地练习。员工在执行的过程中，领导者要去监督、去管理、去跟进，从而了解员工是否真正地掌握了这个方法，以及是否还有需要改进的地方等。

那么，领导者如何"教"员工呢？需要教什么内容呢？主要包括三个方面：教理念、教流程、教方法。

首先，教理念。

领导者要想让员工把工作干好，就要告诉他干好这件工作，需要怎样的理念。比如，公司要提拔一名员工做总监，通常领导者会与这位新任总监面谈，面谈的内容不是告诉这个总监该如何管理和考核员工，而是告诉他作为一个总监应该有怎样的思想觉悟和理念。

其次，教流程。

领导者要教导员工明确工作流程，每一项工作都有一定的工作流程，只有按照工作流程做事，才能确保把事情做对、做好。如果本末倒置，就可能把工作搞砸。

比如，销售员在第一次拜访客户的时候，倘若一见到客户，就把销售合同摆在客户面前，客户一定会反感，甚至一走了之。

真正的工作流程应该是，销售员在第一次拜访客户时，应先进行介绍，内容包括介绍自己、公司的情况，以及产品的性能等，先让客户对公司和产品有一个大致的了解，因为可能日后需要多次拜访，才能达到合作的意向。

最后，教方法。

领导者要告诉员工工作的具体方法，当员工在工作中遇到难题时，领导者能告诉他解决之策。

比如，在谈业务的时候，对方说没有资金，该用怎样的话术回答；客户总是借口推托，说自己没时间，不愿意见面，如何让他欣然接受拜访等，这些都是有一定的工作方法和技巧的。新入职的员工或者经验不足的员工，在遇到这些问题时，往往会束手无策，领导者要将自己工作的方法和经验传授给员工，帮他们解决问题。

除此之外，领导者还得督促员工加强训练。我们要的不是纸上谈兵的员工，而是理论与实践能力兼具的员工。实践出真知，只有通过不断地训练，才能不断提高自己。

说到科比，大家一定都不陌生，不管你是否喜欢打篮球，你都知道有一个篮球巨星叫科比。很多人认为科比篮球打得好，是因为天赋，其实天赋只是一个方面，日复一日地努力练习，才是让他在篮球赛场上星光熠熠的关键。

科比在 ESPYS 接受年度偶像奖的采访时，有一位记者问他："你为什么能如此成功呢？"科比反问："你知道洛杉矶每天早上 4 点是什么样子吗？"

记者摇摇头表示不清楚，科比继续说道："满天星星，寥落的灯光，行人很少。洛杉矶每天早上4点仍然在黑暗中，我便起床走在黑暗的洛杉矶街道上。一天过去了，洛杉矶的黑暗没有改变；两年过去了，十多年过去了……仍然没有改变，但我却变成了肌肉强健，有体能、有力量，有着很高投篮命中率的运动员。"

在一次比赛中，因为一个记者在拍照时使用了闪光灯，导致他罚篮失败，为了在投篮时不受强光影响，在赛后科比每天都会对着强光加练6小时。一段时间后，科比投篮再也不会受到强光的影响了。

由此可见，唯有训练才能出奇迹，不要光说不练假把式。那么，领导者该如何训练员工呢？

第一步，我做你看。

领导者做给员工看，是为了让员工学习和模仿，让他们掌握正确的方法，有时口头的表达不如做给员工看来得直接。

如何"我做给你看"呢？一边做，一边告诉员工动作要点、要领，边做边讲。

第二步，你做我看。

领导者给员工示范后，还要让员工做给领导者看，这样领导者才能发现员工是否做得规范，是否需要纠正。就像游泳教练训练游泳运动员，教练在给运动员讲了动作要领，亲自做了示范后，一定要让运动员下水自己去做动作，教练在一旁纠正，这样才能真正把动作做到完美。

第三步，反复做第一步、第二步，直到员工能做得很好为止。

2. 教练式沟通

通用电气公司总裁杰克·韦尔奇说过："管理就是沟通、沟通再沟通。"这句话足以证明沟通的重要性。作为领导者，要掌握教练式沟通方法。教练式沟通的核心包括三个方面：深度倾听、围绕成果提问和积极性反馈，如图1-1所示。

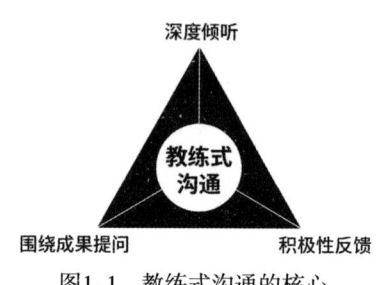

图1-1　教练式沟通的核心

首先，深度倾听。

小王在工作中犯了错误，总监把小王叫到办公室，跟他长篇大论讲了很多，而小王全程一直低着头，一句话也没有说。

请问总监的做法是沟通吗？这不是沟通，而是教育，甚至可以说是毫无意义的唠叨。沟通是相互的，双方必须有交流，才能称为沟通。

在沟通的过程中，需要掌握一项重要技能——深度倾听。深度倾听是指站在对方的立场上听到语言背后的情绪、事实和需求，让对方感受到理解与信任，只有这样，领导者与员工才能建立起信任。

领导者在进行深度倾听时，应遵循3R法则，即Receive、Respond、Rephrase。

a. Receive（接收）：应放下自己的想法和判断，认真地去体会他人，放下批判、建议、询问、安慰等干预项。

b. Respond（反应）：通过点头、微笑、目光注视等肢体语言，以及记录和重复对方的关键词或者话语来回应对方。

c. Rephrase（确认）：你是这个意思吗？听起来，你认为……对吗？所以，你认为……是这样吗？

也就是说，领导者不能一味地自己说，而要多听听员工怎么说，这样才能全面地了解员工是怎么想的，理解他为什么那样做，在这个过程中，你也许会发现自己最初的判断是错误的。同时，在倾听的过程中，还要时不时地回应对方，让对方知道我们在认真听，他才有兴致继续讲下去。

其次，围绕成果提问。

深度倾听后，我们要进行提问，提问是教练式沟通过程中非常重要的一环。比如，我们在和客户谈判的时候，不要强迫客户成交，可以通过围绕成果向客户提问，直到客户自愿成交，这个方法称为"八步连环"。

第一问：你想不想让企业业绩有所增长？

第二问：你想不想不那么忙，业绩依然能够实现增长？

第三问：你想不想外部持续增长，内部的团队又能自动化运转？

第四问：你想不想你的每个下属都对你非常认可和接受？

第五问：你想不想让你的销售变得更加简单？

第六问：你想不想让你的工作效率提高？

第七问：你想不想把你的企业做成行业标杆？

第八问：你想不想利润翻倍？

通过围绕成果的引导式提问，客户很容易成交。当然，提问也是有技巧的，提问分为开放式提问、未来式提问和如何式提问三种。

第一，开放式提问。

开放式提问是指提出比较概括、广泛、范围较大的问题，对回答的内容限制不严格，给对方充分自由发挥的余地。比如，你怎么看待这件事？

第二，未来式提问。

未来式提问是提出一种假设，然后设想会怎样。比如，这件事你如果这样做，结果会怎么样？你如果不这么做，结果又会是什么样子？

第三，如何式提问。

比如，这个月团队的销售目标是80万元，那么，你如何达到呢？这周要拜访10个客户，那么，你如何安排呢？今天要打30个有效电话，你该如何实现呢？

有些领导者觉得向员工这样提问很累，很烦琐，还不如直接告诉他怎么做更省事，真的是这样吗？不是的。如果我们什么事情都告诉员工怎么去做，久而久之，就会让员工滋生懒惰的思想，导致他们不会主动思考，以后遇到任何事情，都来找上级寻求帮助。

以上三种提问，目的在于启发员工自己去思考问题。积极思考是解决问题最关键的一步，一旦员工养成了独立思考的习惯，今后在遇到困难时，他们就会积极地去解决问题，就会在管理员工方面省去了很多不必要的麻烦，而且还能在无形中提高员工的能力，这岂不是一举两得？

最后，积极性反馈。

简单地说，积极性反馈就是将自己观察到的对方的正面行为，以及产生的积极影响，给予欣赏、赞扬和肯定，并表示感谢。不管下属说得好不好，一定不要否定和批评。

积极性反馈能够激励他人，使对方产生自信，是改善人际关系的良方。身为管理者，要善于发现员工身上的长处和优点，这样才能更好地表扬和认可他人。以赞赏团队成员为例，我们应按照以下四个步骤来进行。

第一步，确认团队成员完成了哪些成果，显示出你很关注这些绩效。

第二步，肯定团队成员完成的工作在实现团队目标中所起的重要作用，即将员工的表现与组织的目标联系在一起。

第三步，说出成功完成这项工作的一两个关键要素，比如，他连续加班一周，才完成这项工作；他一天拜访了七八个客户；他生病了，还在坚持工作等。这一步很关键，需要领导者很清楚员工做了哪些工作，需要将对方所承受的风险和付出的努力都看在眼里。

第四步，表达谢意。通过以上三步的铺垫，表达谢意才够真诚，才有可信度。

3. 辅导五要义

领导者"辅导"的作用主要体现在稳定员工的工作心态上。马斯洛说过："心态若改变，态度跟着改变；态度改变，习惯跟着改变；习惯改变，性格跟着改变；性格改变，人生就跟着改变。"可见一个人的心态有多么重要。

看过这样一个故事：某大型公司的一位总经理，多年来在招聘人才时，养成了一个习惯，进入最后一轮面试的人员，都会被问到这样一个问题："假如你目前的收入不是很高，但能够维持生活，现在你要租房，摆在你面前的有两种选择：一种是和三位朋友合租在一个高档小区两室一厅的房子里，室内家具家电齐全，拎包即可入住，在你身边住的都是成功人士，房租每人每月500元；另外一种选择是住在城中村的小单间，除了能放一张床外，什么都放不下，周围没有成功人士，但房租很便宜，每个月只要200元，你会如何选择？"

来面试的人在回答这个问题时，答案各不相同，总结下来，主要有以下四种答案。

第一种：我会选择住在城中村的小单间，我不在乎周围环境，这一切与我无关。

第二种：我会选择住在高档小区，人生苦短，享受最重要。

第三种：如果我的三个朋友都选择住在高档小区，我会为了大家共同的利益，考虑与朋友合租，在压力之下，能够激发我赚钱的动力。

第四种：我会住在高档小区，因为环境会影响我的人生观和价值观，在好的环境影响下，会促使我更加努力工作和生活，更加清楚自己的人生目标和追求。

这位总经理在听完以上四个表述后，会做出这样的安排：对于第一种人，一概不予录用；第二种人若留下，只会让他做文员或者打杂一类的岗位，不会被重用；第三种人一般会安排做业务或者基层领导；第四种人则会被重用，分配到重要岗位，并给予更多培训和晋升的机会。

那么，这位总经理为什么会这样安排呢？他的解释是：心态决定选择，选择决定人生！

作为领导者要充分认识到心态的重要性，加强对员工的心态辅导。具体来说，应做好以下五个方面的工作。

（1）愿景。

愿景是组织在未来能够达到的一种状态的蓝图。世界上著名的企业都有一个伟大的愿景，比如，西门子家电企业的愿景是"成为行业标杆"；华为的愿景是"把数字世界带入每个人、每个家庭、每个组织，构建万物互联的智能世界"。

作为一个组织，先要有自己的理想，才能带领大家一起朝着这个理想而努力。领导者要经常向员工描述公司的未来发展趋势，以增强员工的信心。当员工对公司的发展充满信心时，工作的态度会更加端正，工作的效率会更高，也更愿意服从领导和管理。

（2）价值观。

企业价值观是指企业及其员工的价值取向，是指企业在追求经营成功过程中所推崇的基本信念和奉行的目标。它是企业文化的核心内容。

菲利浦·塞尔日利克说过："一个组织的建立，是靠决策者对价值观念的执着，也就是决策者在决定企业的性质、特殊目标、经营方式和角色时所做的选择。通常这些价值观并没有形成文字，也可能不是有意形成的。不论如何，组织中的领导者，必须善于推动、保护这些价值，若是只注意守成，那是会失败的。总之，组织的生存，其实就是价值观的维系，以及大家对价值观的认同。"

精益生产是起源于日本丰田汽车公司的一种生产管理方式。"二战"后，日本汽车开始起步，此时统治世界的生产模式是以美国福特汽车公司为代表的大量生产模式。这种生产模式的竞争优势在于以流水线的形式进行大批量、少品种产品的生产，通过规模效应来降低成本。

但是这种生产模式不适合丰田公司，丰田汽车公司从成立到1950年的总产量还达不到福特公司一天的产量。在这种情况下丰田的大野耐一等人，结合自身的特点，创立了一种新的生产模式——精益生产模式，其特点是多品种、小批量、高质量和低消耗。实践证明，精益生产模式成就了丰田公司，该公司生产出了一系列精美、耗油量低、价格相对便宜的轿车，直接横扫美国市场和东亚市场。

世界上很多公司都在学习丰田精益生产模式，但成功者寥寥，因为精益生产的十二大核心原则很难落地，这是为什么呢？原因在于很多公司没能掌握这一模式的核心价值观：尊重人性、客户导向、杜绝浪费、问题意识、持续精进等。价值观决定一种模式的实际效果，也决定一家企业的成败。

(3)心态。

领导者要像心理医生一样,当员工出现负面或者消极情绪时,要及时给予沟通和辅导。心态如潮汐,有涨有落,当情绪不佳时,若有人在旁边安抚、沟通,将有助于员工快速地从负面情绪中走出来,重新焕发生机与活力。

因此,我们要求领导者自己必须是一个阳光积极的人,倘若他自己遇到丁点儿小事,心情就跌落到谷底,那么这样又怎么能带领好团队呢?只有一个积极向上的管理者,才能带领出一个斗志昂扬的团队。

(4)善于观察,见微知著。

领导者应该是一个心细如发、善于观察、见微知著的人,能够通过小事发现大问题。比如,团队里有一名员工总喜欢时不时地抱怨公司一两句,作为领导者这个时候一定要重视起来,认真去对待,因为抱怨的背后一定隐藏着一些我们不知道的问题。通过与员工及时沟通,从源头把问题解决掉,才能避免此类事情再次发生。

当团队里有一个人在抱怨时,如果领导者不去迅速处理,负面的情绪一旦泛滥,就会像病毒一样传染给每个人,那么很快,整个团队就会被负面情绪所笼罩,丧失战斗力。

（5）鼓励。

领导者要担负起啦啦队长的职责，在团队面临挑战时，要不断地给下属打气、加油，给员工树立信心，才能帮助团队克服困难。这就像拔河比赛一样，场上的运动员固然重要，但在场边呐喊助威的人一样不可或缺，他们能让团队一鼓作气，拿下比赛。

（三）提高内在影响力有六个法门

"领导力"中的"力"包含两层意思，一个是外在领导力，另一个是内在领导力。外在领导力主要体现在职务与权力上，比如，作为部门总监，他有权力给员工进行KPI（关键绩效指标）打分。内在领导力指的是个人的能力和魅力，下属能够自发地配合领导者，做好本职工作，且内心十分敬佩领导者。在这里，我们重点讲一讲内在领导力。

同样职位的两个高管甲和乙，甲在讲话的时候，员工就很愿意听，乙在讲话的时候，员工就在台下小声议论，无心听台上的乙讲话，为什么会有这么大的差距呢？其原因就在于甲和乙的内在领导力不同。

领导者要想提高内在领导力，最重要的一点就是具备优秀的品质，提高自己的影响力。孔某在一家公司担任销售总监，他业务能力非常强，也善于管理团队，为人真诚，很无私。每次公司给部门发奖金，他自己只留下很少的一部分，大部分作为团队奖金，带大家一起聚餐，给员工每人发一个小礼物。员工们都觉得很幸福，很愿意听从孔某的安排。

后来，孔某跳槽到一家新公司，原来的公司空降了一名董姓总监，这个人比较自私，他会给大家制定每个月的销售任务，而当员工遇到困难时，董总监多会袖手旁观，他觉得这事与自己无关，员工自己的问题应该自己解决。

此外，董总监把钱看得很重，他会跟新来的业务员抢客户。一名新业务员来公司两个月了，辛苦努力地工作，好不容易快要与一个客户签合同了，董总监却把这个客户给抢了过去，新业务员干不下去了，只好离职，客户就成了董总监的了。有时看到哪个员工手里有大客户，他也会想办法将这位员工挤对走，将对方的大客户据为己有。半年之后，销售部里的人员就走了一大半，团队面临解散。

显然，孔总监具有很强的内在领导力，而董总监只是具有外在领导力，内在领导力很弱。

共赢领导力
——带团队、出成果、上下同心的实战领导力

领导者要提高内在领导力，应从六个方面进行努力，即提升格局、提升学习、成为专家、无私分享、胸怀与包容、善于沟通。

1. 提升格局

领导者要提高内在领导力，必须要学会换位思考，从一线员工到管理者，再到领导者，发生变化的不仅是职位，境界和格局也要随之变化。

一个领导者最重要的境界和格局便是大公无私。不少公司在选拔领导时，会考察这一点，一方面领导者大公无私，以身作则，在下达命令时，更容易被团队成员接受；另一方面领导者大公无私，始终把集体利益放在第一位，把个人利益放在第二位。

在这方面我们不妨学学祁黄羊和蔺相如。有一次，晋平公问祁黄羊："南阳缺少一个长官，你觉得谁能胜任这个职位呢？"祁黄羊回答："我认为解狐很合适。"祁黄羊的这个回答让晋平公很意外，他说："解狐不是你的仇人吗？"祁黄羊回答道："可是您问的是谁适合这个职位，而不是问我的仇人是谁啊！"晋平公对祁黄羊的回答很满意，于是就任用了解狐，解狐非常称职。

过了一段时间，晋平公又问："国家缺少一个掌管军事的官员，你觉得谁适合这个职位呢？"祁黄羊回答说："祁午非常合适。"对

于祁黄羊的这个回答，晋平公有些吃惊，他说："祁午不是你的儿子吗？"祁黄羊干脆地回答："您问的是谁适合，而不是问我的儿子是谁。"于是，祁午被任用，而且表现也非常好。

孔子听说这件事后，称赞道："祁黄羊推荐外人，不会因为感情用事排挤自己的仇人；他推荐自家人，不（怕嫌疑）避开自己的儿子，祁黄羊是真正的大公无私。"

蔺相如和祁黄羊一样，是一个大公无私的人，把国家的利益放在第一位，不计较个人的得失。赵国的蔺相如因"完璧归赵"有功，被册封为"上卿"，位在大将军廉颇之上，这让廉颇很不服气："我为国家立下汗马功劳，蔺相如就凭一张嘴，就能比我位高，以后我要是遇到蔺相如，一定要狠狠地羞辱他。"

廉颇的话传到了蔺相如那里，蔺相如见到廉颇后就尽量回避，避免和廉颇发生正面冲突。蔺相如的门客都认为他害怕廉颇，蔺相如解释说："秦国之所以不敢侵略我们赵国，就是因为有我和廉颇将军，我避让廉颇将军，是因为我把国家的危难放在第一位，把个人的私仇放在后面。"蔺相如的话传到了廉颇那里，他感到很羞愧，于是背着荆条，到蔺府去请罪。蔺相如见状赶紧把廉颇扶了起来，从那以后两人就成了很好的朋友。

试问像祁黄羊和蔺相如这样负责任、大公无私的人，是不是应该得到提拔和重用呢？公司若有像他们那样的人，将工作交给他们，一定让人放心、踏实。然而，在实际工作中，一些人的职位在不断提升，但觉悟却不见提高，德不配位，这样的人自然担当不起领导的职责，也不具备领导力。

职位的晋升与孩子成长是一个道理，当我们还是一个孩子的时候，既不用关心家里的柴米油盐，又不需要关心家里的经济压力大不大，只要开心快乐地成长就好。但是当一个孩子走上工作岗位后，他就不应该一味地向家里索取，而是应该靠自己的双手去赚钱，替家人分担压力，关心家人。

随着孩子年龄的增长，他的觉悟和格局都在不断地发生改变。工作之前，父母就是孩子的靠山，一切费用都由家里提供。工作之后，孩子就有必要了解家里的经济情况。某公司有一名员工，他说自己在大学毕业前，从来没想过自己的家庭是那么困难，因为他的父母伪装得很好，不管他想买什么、吃什么、用什么，父母几乎没有拒绝过他。一直等到他大学毕业后，他的父亲才把真相告诉他，并把家里唯一的一本存折拿出来，告诉他这么多年父母过得有多么辛苦，对他说："你已经长大了，以后你就是家里的顶梁柱，你有责任知道家里的实际情况。"直到此时,他才恍然大悟,也是从那一刻开始,他明白了什么是责任。所以,当一个人真正懂得什么是责任的时候,他才是真的长大了。

同样的道理,当我们在选择高级管理人员时,不能只看一个人的工作能力,还要看他有没有担当和责任心。俗话说,"兵熊熊一个,将熊熊一窝",作为领导者,不仅要有明确的决策权,果断干练,而且需要敢于承担责任,即使把事情办砸了,也不能推卸责任,否则,就很难服众。

作为领导者,必须认识到职位的晋升,不仅意味着收入和社会地位的提高,更意味着肩上的责任重了。同时还要提升自己的格局和眼界,学会换位思考,多站在公司、老板的角度考虑问题,理解公司和老板的难处,设身处地,只有这样才能被员工尊重,被公司认可。

2. 提升学习

高尔基说:"经常不断地学习,你就什么都知道。你知道得越多,你就越有力量。"作为领导者,一定要不断学习努力提升自己,这一点非常重要。主要表现在以下三点。

(1)领导者的领导水平会影响员工的工作质量与效率。

中国的乒乓球队为什么战无不胜?中国的跳水队为什么被称为

| 共赢领导力 |
——带团队、出成果、上下同心的实战领导力

"梦之队"？其中一个原因是我们有最优秀的教练，而这些教练都曾经是奥运冠军。中国乒乓球队原总教练刘国梁，曾经是一名优秀的乒乓球运动员，1996年获得第26届奥运会男子双打冠军、第17届乒乓球世界杯男子单打冠军，是中国第一位大满贯得主。

周继红是中国跳水队领队，是中国第一个跳水奥运会冠军。2021年6月，在卡塔尔多哈举行的国际泳联代表大会上，周继红当选副主席，成为国际泳联历史上第一位女性副主席。

正是因为中国有这么多优秀的教练，才会有这么多奥运冠军和世界冠军，也正应验了那句"强将手下无弱兵"。领导者作为企业的中坚力量，他的管理水平将会直接决定员工的绩效水平。

方明是某公司的销售主管，因受市场变化的影响，销售工作越来越难做，他很迷茫，想了很久都不知道该如何决策，只好请教他的上级——分管销售工作的总监。这位总监只跟方明讲了一分钟的话，告诉他如果自己处在销售主管的位置，会如何去开展工作。方明听后仿佛醍醐灌顶，立刻按照上级的意见调整了营销策略，两个月后，他的营销业绩稳步提升，经过一年的努力，竟超额完成了年初制定的销售目标，方明因此受到了公司的嘉奖。

那位当初指导方明的总监也得到了晋升，于是就有人认为不公

平,总监动动嘴皮子就得到了晋升,而方明实打实地干了一年,一分钟说的话怎么能与一年的实干相提并论呢?

殊不知,这位销售总监是一个审时度势,一眼就能看到底的人,这种人的领导水平最高,也是最容易被公司重用的人才。

(2)公司的战略意图需要通过领导者的领导来实现。

不少企业领导者在工作中都会产生这样的感受:公司部署的战略意图很好,但是在具体执行过程中,往往会出现偏差,甚至完全南辕北辙。为什么会出现这种情况呢?答案就是因为高管层能力不够,导致公司的战略意图不能完全发挥作用。

三国时期,有一个著名的故事——马谡失街亭。诸葛亮在平定南中后,经过两年的精心准备,决定寻找机会攻打魏国。他使用声东击西的办法,让魏国放松警惕,使其在毫无准备的情况下,突然遭遇进攻。

在此之前,蜀国的士兵经过严格的训练,士气旺盛。而魏国见蜀国这几年都很安静,早已放松警惕,再加上魏文帝曹丕病逝不久,此时正是蜀国攻打魏国的最佳时期,诸葛亮决定趁机攻打魏国。

在北伐时,诸葛亮将马谡作为攻打魏国祁山占领街亭的将领,王平作为副将领协助马谡。马谡和王平带领人马到了街亭之后,自负的马谡不听从诸葛亮坚守城池、稳扎营垒的嘱咐，也不顾王平的苦苦劝说，坚持要在缺水的山上扎营。

魏国的将领张郃见马谡在山上扎营，便下令包围马谡的兵力，在山下筑好营垒。不久后蜀军就因为缺水断粮，军心大乱，魏军趁机发起进攻，马谡兵败街亭，使蜀国失去了一个重要的据点。

诸葛亮在前期的部署堪称完美，可就因为一意孤行的马谡，导致整个攻打魏国的计划被打乱，结果损失惨重。

公司老板就如同船长，船长再优秀，若舵手不按照船长的指示驾驶船只，船就无法到达胜利的彼岸。

（3）领导者通过学习，不断提升自己，才能带领好团队。

优秀的领导者之所以能取得令人瞩目的成绩，是因为他们有较强的职业素养，能够通过不断学习，提升自己的能力，以此带领好团队，从而提升整个团队的战斗力。这样的领导者，无论他在哪个公司任职，他的职业生涯之路都会越走越顺畅，越走越宽阔。

一位创业的朋友（暂且称为小曾）讲过这样一件事。当年小曾创业的时候，让他的发小做他的助理，当时公司只有三个人，除了他们两个之外，还有一个业务员，小曾经常告诫发小一定要努力学习，提升自己。

两年后，公司规模越来越大，员工从原来的三个人发展到现在几十人的团队，小曾的助理还是他的发小，小曾常常推心置腹地对他说："你是我的助理，你要提升自己，才能服众，不然团队不好管理。"因为发小在待人接物上不是很擅长，小曾就送给他一本书，这本书小曾高中时就读过，主要讲待人接物方面的事情。半年后，小曾问发小书读得怎么样了，发小说只看了一页目录。

小曾有些不高兴，让发小在三个月内读完这本书，并写个总结。三个月过去了，发小依然没把书读完，小曾忍无可忍，让发小离开公司，重新找一份工作。发小很不理解，质问道："咱俩关系这么好，你怎么能赶我走呢？"

小曾痛心疾首地说道："公司在进步，公司里的每一个员工都在成长，唯有你一直在原地踏步，这会影响公司的发展。不是公司背叛了你，而是你背叛了公司。"发小被小曾说得哑口无言，最终离开了公司，另谋出路。

愚蠢的老板只给员工增加收入，聪明的老板则会给员工成长的机会，如果遇到这样的老板，一定要珍惜他提供的学习机会，努力提升自己的能力。

3.成为专家

作为领导者，最重要的能力是什么呢？当然是让员工信服自己。而要想让员工信服自己，就要有一项令人敬佩的专长，或者是成为某个行业的专家、领袖。

在一个团队中，领导者的能力非常重要，如果领导者没有能力，即使带领一群有能力的员工，团队也会变得懒散且低效。蜀国后主刘禅就是一个典型的没有能力的领导，只会"乐不思蜀"，贪图享乐，最终导致蜀国灭亡。

相比刘禅，他的父亲刘备虽然在机权干略方面不及曹操，但是他善于用人和管理团队，终成帝业。在三足鼎立的军事集团中，刘备的实力是最弱的，但他能与曹操和孙权分庭抗礼，从一个织席贩履之辈成为蜀汉开国皇帝，依靠的就是团队的力量。

刘备清楚自己的谋略不及诸葛亮、法正、庞统等人，所以很少一意孤行，善于听取他人的建议；他清楚自己的武功不如张飞、关羽、赵云等武将，所以从来不冲锋陷阵，而是通过激励有能力的下属，为他去杀敌。正是因为刘备深谙人才是立足、发展之本，并具有选人、用人的超强能力，才造就了蜀汉的崛起。

何谓领导者？领导者是指在组织中直接参与和帮助他人工作的

人，是通过其地位和知识，对组织负有做出贡献的责任，因而能够实质性地影响该组织经营及达成成果的人。

由此可见，领导者不仅自身业务能力要强，能够帮助他人，还应具备一定的领导能力，从而使整个团队变得强大起来。具体来说，领导者应具备以下五种能力。

（1）有目标感。

领导者一定要有一个清晰的目标，否则就会变得"为了做事而做事"，团队自然就无法形成合力。只有领导者有了清晰的目标感，才能通过带领团队前进，完成既定目标，从而形成自己的战斗队形。

唐僧师徒四人去西天取经，在这个团队中，唐僧是主心骨，因为他的目标感最强，就是要到西天取经，不管遇到什么妖魔鬼怪，什么美女画皮，都无法动摇他去西天取经的目标。

如果没有唐僧，这个团队早就如同一盘散沙了，走到半路就会折返。因此，目标感较强的领导者，他可以把员工带领得非常好。相反，一个没有目标感的领导者，每天浑浑噩噩，今天刚制定的目标，明天就忘了，这样的领导者就太不靠谱了，万不可取。

（2）深谙用人之道。

一个优秀的领导者就要成为用人的专家，能够看清每个人的长处与短处，善于取长补短，优势互补，让每个人都能将自己的才能发挥得淋漓尽致。

（3）科学分工。

领导者的重要工作之一就是科学分工，让每个员工都明确自己的岗位职责，一旦出现问题，就不会出现推诿、扯皮等现象。公司就像是一个复杂的大机器，每名员工都是不可或缺的零件，只有他们爱岗敬业，发挥出自己的作用，公司才能健康运转。

领导者要善于发现队伍中那些不尽职尽责的员工，虽身在岗位，却起不到任何作用。对于这样的员工要及时做出调整，从而提高公司的工作效率。

（4）时常鞭策员工。

据说，有一次拿破仑外出打猎，在一个河边见到一个落水的男孩，他拼命地挣扎，大声地呼叫，可河水并不深，河面也不是很宽。拿破仑不仅没有出手相救，反而拿起猎枪，对着水中的男孩大声吼道："你再不爬上来，我就开枪打死你。"男孩见状，拼命地奋力自救，最终成功上岸。

在团队中不乏像落水男孩这样的员工，他们的自觉性很差，如果一味地去帮助他们，就会让他们变得更加懒惰，只有严肃地警告、鞭策他们，才能让他们消除懒散的心态，激发自身的潜能。

人都有惰性，哪怕是自觉性较强的员工，也会有消沉的时候，所以领导者要时常鞭策员工，才能让他们保持高昂的斗志。

（5）具有防患于未然的本领。

有一次，魏文王问扁鹊："听说你们兄弟三人都精通医术，那么，谁的医术最高呢？"扁鹊说："在兄弟三人中，自己的医术最差，最厉害的是大哥，在病情发作之前就开始治病，二哥在病情初期开始治病，只有自己在病人病情严重时才给病人治病。"

从管理学控制论的角度来说，事中控制要胜过事后控制，事前控制要胜过事中控制，所以，领导者要善于发现团队中隐藏的小矛盾，比如员工之间的矛盾冲突，在发现苗头不对时，就要及时去解决，一旦爆发严重冲突，再想着去控制，即便解决了，彼此心中的疙瘩也难以解开。因此，领导者最重要的工作就是防患于未然、防微杜渐。

4. 无私分享

分享是领导者的核心素质之一，对领导者来说，愿意分享、学会分享是一种修养。但是有些领导者不愿意分享，他们认为"教会徒弟，饿死师傅"，如果有一天，员工的能力强于自己，自己的地位就不保了,其实这种想法不仅十分狭隘,还非常不可取。

首先,将自己的知识与经验分享给他人,对自己来说,是一种成长。

有一则成语叫"教学相长",子夏是孔子后期学生中非常优秀的一个,才思敏捷,苦学而入仕,做过鲁国莒父宰。孔子去世后,子夏来到魏国讲学,教授的学生有三百多人,当时的名流田子方、吴起、公羊、段干木等都是他的学生,就连魏文侯都尊称他为师傅。

子夏在跟随孔子一起学习时,有一次,他问孔子《诗经》中的"巧笑倩兮,美目盼兮,素以为绚兮"是什么意思,孔子回答:"这是说先有白色底子,然后才画图画。"

子夏又问:"是不是礼乐的产生是在仁义之后呢?"孔子听后很高兴,回答道:"你真是能启发我的人,现在我们可以一起讨论《诗经》了。"

子夏从孔子讲述的"绘事后素"中领悟到了"仁为先,礼在后"的道理,这又进一步启发了孔子,令孔子十分高兴。

通过"教学相长"这个成语典故,让我们明白教与学是相互增长的。在教的过程中,受益的不仅是学生,老师也能从中受到启发，还能提高老师的水平。

因此，领导者分享自己的知识和经验给员工，并不是单纯的输出，在输出的过程中，自己也能从员工的反馈中学习到新的知识和经验，提高自己的水平。

其次，领导者最大的成就就是带出优秀的员工。

有一位老师的女儿结婚，他的很多学生从天南海北赶过来，参加老师女儿的婚礼。老师十分高兴，拿出存放在手机里的视频给大家看，视频中的内容都与他的学生有关，他滔滔不绝地向大家介绍每个学生，并自豪地说道："这些学生都是我的骄傲！"这位老师说他最高兴的事情就是看到他的学生们成才了，并且比他更优秀。

同样的道理，作为领导者，我们看到自己的员工成长了，变得优秀了，不是一件高兴的事情吗？员工的成长恰恰证明了领导者的优秀，如果领导者不够优秀，怎么能带出优秀的员工呢？员工也会十分感谢领导者的栽培，对领导者更加敬佩。

因此，领导者一定要学会无私分享，不要心存狭隘思想。那么，领导者应该向员工分享哪些内容呢？具体有以下三点。

（1）分享信息。

著名管理学家、畅销书作家肯·布兰查德说过："一个员工掌握的信息量的多少决定了他的责任感的强弱，因为你不可能让一个什么都不知道的员工对事情负责。"

在员工工作过程中，领导者要与员工分享有关的信息，比如，新员工入职后，公司会分配给员工一些客户名单，让员工与其联系，那么，这些客户的有关信息就要一并提供给员工，让员工全面了解有关客户的情况。另外，还应将企业的有关政策、促销信息告诉员工，以便员工顺利地开展工作。

（2）分享方法与经验。

领导者作为过来人，与员工相比，无论是工作方法，还是工作经验，都强于员工，特别是在一些棘手问题的处理上，往往会形成自己独到的见解和处理方式，这些都是宝贵的资源，应将这些分享给员工，避免员工走弯路，花费大量时间在试错上。这既有利于员工快速成长，也有利于提高整个团队的工作效率。

需要注意的是，领导者向员工分享经验，不是灌输和代替，而是对员工进行辅导和帮助，在恰当的时候，通过适当的方法将自己的经验和方法传授给员工，或者与员工共同讨论、分析问题，找到解决问题的方法。

至于员工获得经验和方法之后，他会怎么做，就要看员工自己了，领导者没有义务代替员工去做事，只需要通过一定的考核来督促员工成长即可。

（3）分享喜悦与成果。

李某是一个部门经理，他经常在部门的微信群里发一些激动人心的消息，比如："某位同事今天签了一个十万元的订单，大家鼓掌！""咱们部门这个月获得了销售冠军！""公司又新开拓了一项业务，未来发展前途无量，点赞！"

有时，李经理还会让大家放下手里的工作，举行一场小型的表彰大会，奖品就地取材，一盒饼干，一块巧克力，一支钢笔，等等，气氛十分活跃。通过这样的活动来扩大积极行为带来的正面影响，鼓舞士气，激励员工继续进步。

人的本性都是喜欢被人欣赏，当员工取得了优异的成绩时，他希望被领导看到，希望得到同事的认可和肯定。因此，领导者要学会在适当的时候为员工的成功喝彩。

5. 胸怀与包容

一个优秀的企业领导者，最忌讳的就是心胸狭窄。心胸狭窄的领导者，往往只能容下能力和功劳不如自己的员工，对于那些有才华、能力高的员工常常横挑鼻子竖挑眼，或者将其挤对走。一个团

共赢领导力
——带团队、出成果、上下同心的实战领导力

队中没有优秀的人才，能做成什么大事呢？下面就让我们见识一位心胸狭窄的人和一位宽宏大量的人。

秦朝末年，各路起义军纷纷起兵反秦，由于没有统一的领导，大家就约定，谁推翻秦朝的暴政，谁就做关中王。在所有的起义军中，项羽和刘邦的实力最强。

刘邦抢先一步进驻了咸阳，但考虑到自己的实力不如项羽，便撤出了咸阳。项羽因为选择的行军路线不佳，与秦军总是正面遭遇。项羽之后进驻咸阳城，想到自己这么辛苦与秦军作战，最终还是让刘邦抢了先，十分愤怒，一把火烧了秦宫。

项羽手下一个有识之士对项羽说："咸阳地处关中要塞，地势险要，物产丰富，您不如在这里建都，这有利于您奠定霸业。"可项羽认为人一旦富贵了，就要衣锦还乡，于是决定回江东去。

那人听了这话，私下对别人说："人家都说楚国人只注重外表，就好像猴子戴上帽子假装人一样，之前我还不信，现在听了项羽的话，果真如此。"这话很快就传到了项羽的耳朵里，心胸狭窄的项羽竟然将那个人投入鼎镬里活活烹死了。

项羽自封"西楚霸王"，结果落得个众叛亲离、"自刎乌江"的下场，为人狭隘、丧失人心是重要原因。

在中国历史上有一位宽容大量的明君,他就是齐桓公。公元前686年,齐襄公被一个叫连称的人杀死,当时他的两个儿子都不在国内,长子公子纠在鲁国,次子公子小白在莒国,两人得知齐襄公死了,都想抢先回国继承王位。

因莒国距离齐国较近,这对公子纠十分不利,公子纠的师傅管仲便带着精兵强将骑着快马先赶回齐国,为公子纠抢占皇位。在半路上,管仲与公子小白的人马相遇,试图说服公子小白将王位让给公子纠,被公子小白的师傅鲍叔牙拒绝了。管仲便乘人不备,突然向公子小白射了一箭,正中小白胸前的衣扣上,小白诈死躲过一劫。

公子小白顺利地回到齐国,继承了王位,他就是齐桓公,公子纠一行人只好逃回了鲁国。后来,鲁国为了讨好齐桓公杀死了公子纠,并将管仲送回了齐国。齐桓公对管仲恨之入骨,鲍叔牙却劝齐桓公重用管仲,最终齐桓公宽以待人,听取了鲍叔牙的建议。经过几年的发展,齐国在管仲的治理下,国富民强,齐桓公对管仲信任有加,将国家大事都交由他来处理,并拜管仲为"仲父"。

"海纳百川,有容乃大。"宽容大量,善待他人,是领导者应该具备的气度和美德,领导者的工作就是做人的工作,所以要有能忍人所不能忍,能容人所不能容,能处人所不能处的雅量。

（1）能宽容员工的短处，不追求完美。

人无完人，每个员工都有自己的长处与短处，领导者要允许员工有短处。管理大师德鲁克说过："倘若要所用的人没有短处，其结果至多只是一个平平凡凡的组织。"领导者只有容忍员工的短处，才能看到他的长处，领导者的工作就是要善于用人之长。

三国时期的蜀国，在诸葛亮去世后，由蒋琬主持朝政，他的属下有一个叫杨戏的人，性格十分孤僻，不善言辞，蒋琬与他说话，他都只应不答。有人看不惯，就对蒋琬说："杨戏太不像话了，与您说话都这么傲慢。"

蒋琬笑了笑，回答说："每个人都有自己的脾气秉性，让杨戏当面赞扬我，不是他的本性，让他当众说我的不是，他会觉得让我下不来台，所以只好默不作声，可这正是他的可贵之处。"

（2）能容忍员工犯错，不求全责备。

在工作中，要开拓进取，就必然要勇敢尝试，尝试就是试错的过程，犯错在所难免。如果领导者总盯着下属的过错，就会束缚下属的手脚，他就不敢去探索和创新，这对团队岂不是一大损失？

此外，作为领导者，也要宽容下属偶尔出现的失误、失态行为。

永光元年，春天下霜，夏季寒冷，一个东部来的郎官对汉元帝说，当地的老百姓因灾荒日子过得十分艰难。而在此之前，丞相、御史等这些主管大臣都没有报告，汉元帝非常生气，下诏书责备了相关大臣，要他们一是如实禀告灾情，不得隐瞒；二是做好应对措施。

丞相于定国看过诏书后，心里十分不安，于是上书引咎自责，并请求皇上让其辞去官职，告老还乡。

汉元帝是这样回答的："您辅佐我治理天下，处理国家政事，不敢有半点懈怠，人非圣贤，孰能无过？现在汉朝承接着周、秦以来贫困衰败的局面，民俗教化衰落，百姓缺少礼仪，灾祸出现，不是单一原因造成的。过去那些圣贤的人都不敢独自承担过失，更何况是平常人呢！我想了很久，都没有找到发生灾难的原因，如果说天下有罪过的话，那么，所有的过错都应该由我这个一国之主来承担。您虽然身居要职，但不需要独自承担责任。您应该继续主持国家大政，努力监察郡国守相等地方官吏。"

可见，汉元帝是一个明智的国君，他能够容忍大臣犯错，不会求全责备。

（3）欣赏他人的长处，不嫉贤妒能。

一位企业家说过这样一句话："好领导要有宽广的心胸，如果一个领导每天都会发脾气，那几乎可以肯定，他不是个心胸宽广的人，能发脾气的时候却不发脾气的领导，多半是非常厉害的领导。很多人当领导最大的毛病是容忍不了能力比自己强的人，所以常常可以看到的一个现象是，领导很有能力，手下一群庸才或者手下一群闲人。"

领导者要为下属有长处感到高兴，能为员工的成功表示祝贺，允许员工在某方面的能力比自己强，要容人之长，甘愿做铺路石，不嫉贤妒能，这才是合格的领导者。

（4）求同存异，接纳多样化。

领导者总喜欢那些与自己有着相同价值观和世界观的员工，对于那些与自己有不同观点、看法的员工心存芥蒂，这种思想是非常狭隘的。世界上没有两片完全相同的叶子，领导者一定要学会接纳他人的不同，求同存异，接纳多样化。

6. 善于沟通

不少领导者都会有这样一种错误的认知，认为只有对下属下命令，指挥下属做事，批评下属，才能显示自己的权威，才具有领导力，其实不然。如果双方没有沟通，即使你是出于好心，也很容易被人误解为恶意。

耕柱是墨子的得意门生，但他总被墨子责骂。有一次，墨子又狠狠地责骂了耕柱，耕柱感到很委屈，因为在众多门生中，大家都认为耕柱最优秀，却常常遭到墨子的责骂，让他感到很没有面子。

于是，耕柱愤愤不平地找到墨子，问道："老师，在您这么多学生中，我真的这么差劲，以致您常常责骂吗？"

墨子听后，不急不慢地说道："假如我现在要上太行山，依你看，我是该用良马来拉车，还是用老牛来拉车呢？"

耕柱不假思索地回答："再笨的人，恐怕也知道要用良马来拉车。"

墨子又问："那么，为什么不用老牛呢？"

耕柱回答："因为良马能够担负重任。"

墨子语重心长地说道："你说得很对，我之所以经常责骂你，就是因为你能担负重任，值得我去教导和匡正。"

听完老师的话，耕柱惭愧地低下了头。

墨子作为一代宗师，因为不善于沟通，差点与他最优秀的学生产生很深的误会。如果不及时沟通，墨子有可能失去一个优秀的可造之才；耕柱会因为对老师心存不满，学习上变得不积极、不主动，这将是一个两败俱伤的结果。

其实，不少领导者也容易犯墨子这样的错误，一是因为他们不觉得沟通很重要,缺乏沟通意识;二是因为他们认为沟通没有必要,只要下命令,让下属执行即可。缺少沟通就会导致误会、不解的产生,当人有了消极的情绪时,工作就会懈怠,从而影响工作效率,甚至对整个团队造成影响。

俗话说:"员工的心,企业的根。"凝聚人心是关系到企业兴衰成败的大事,领导者该如何凝聚人心呢?领导者与员工之间建立起良好的沟通关系是关键。沃尔玛公司创始人山姆·沃尔顿说过:"如果必须将沃尔玛管理机制浓缩成一种思想,那就是沟通。因为它是我们成功的关键之一。"

沃尔玛公司的领导者非常重视与员工的沟通,通过沟通,公司可以及时获得大量第一手信息,并从中发现大批人才。沃尔玛能够成为全球零售业的巨头,与它完善的内部沟通机制是密不可分的。

当企业遭遇挫折和困难时,领导者与员工进行有效沟通更为重要。美国"9·11"事件之后,音响视觉技术公司中有不少员工的亲友在该事件中丧生,给员工的情绪造成了很大的影响。

第二天,音响视觉技术公司的首席执行官马克·罗尔将这些员工请到他的办公室,和员工们深入地沟通,倾听员工的诉说,抚慰他们的情绪,鼓励他们克服困难。通过真挚的情感沟通,员工们迅速从消极的情绪中走出来，努力工作，使公司能够正常运转。

由此可见，沟通是企业管理过程中不可缺少的工具。那么，沟通有怎样的方法呢？员工愿意接受哪种沟通方法呢？我们不妨看看一些知名企业是如何与员工沟通的。概括起来主要有以下六点。

（1）口头表扬。

松下幸之助说过："企业管理过去是沟通，现在是沟通，未来还是沟通。"日本松下集团认为表扬是最有效的激励方法，也是企业一种有效的沟通方法，因此该公司非常注重对他人的表扬。

松下幸之助在看到员工进步快或者表现好时，会立刻对他进行口头表扬，如果员工不在现场，松下幸之助会亲自打电话表扬下属，员工们会因为受到领导的表扬，特别有成就感，工作积极性和工作效率会更高。

（2）聊天。

奥田广弘是丰田公司首位非丰田家族成员的总裁，因为非常善于聊天，深受员工和客户的爱戴。在奥田广弘工作期间，他将三分之一的时间用在与公司里的工程师聊天上，聊他们的工作和生活。

此外，他还将三分之一的时间用来走访5000名销售商，与这些经销商聊与业务有关的事情，积极听取他们的意见。

（3）讲故事。

波音公司总裁康迪说："员工所表达出来的以及我所听到的，远远比我要说的更重要。"那么，康迪是如何与他的下属沟通的呢？讲故事是最经典的方法之一。

1994年之前，波音公司遭遇了一些困难，康迪在担任总裁后，经常邀请高级经理到他家中做客，大家围坐在一起讲述有关波音的故事，康迪要求经理们将不好的故事写在纸上，然后丢进火里烧掉，以此来埋葬波音历史上的"阴暗"面，只留下那些振奋人心的故事，来激励大家的士气。

（4）帮助员工制订发展计划。

爱立信公司的员工每年都有一次和人力资源经理或者是主管经理面谈的机会，员工们可以在领导的帮助下制订个人发展计划，这不仅有利于员工的职业发展，也对公司的发展起到了促进作用。

（5）支持越级报告。

在很多公司中，越级报告都是犯大忌的事情，是员工不能触碰的逆鳞，但是惠普公司则正好相反，总裁办公室的门永远都是敞开的，如果员工感觉自己受到不公平的待遇，或者发现公司在某些方面存在问题，可以直接找总裁汇报。这样一来，领导者与员工之间相互尊重,避免了对抗与内讧。

(6)员工参与决策。

在福特公司,每年都会制订"全员参与计划",鼓励员工参与到企业管理中来。这一决策,引发了员工对企业的"知遇之恩",企业则能够集思广益,获得更多的合理化建议,使福特公司发展得越来越好。

总之,如果没有沟通,就没有成功的企业。中恩教育认为,企业内部拥有良好的沟通氛围,将影响企业员工真实地感受到工作带来的幸福感和效率。加强沟通管理,不仅有利于提高高管的领导力,让领导更加轻松愉悦,还能增强企业的凝聚力与竞争力。

本章小结:

什么是卓越的"领""导""力"?

◎"领"的四大职能:定方向、做规划、管执行、做反馈

◎"导"的三大职能:教导、辅导、教练式沟通

◎"力"的六大法门:提升格局、提升学习、成为专家、无私分享、胸怀与包容、善于沟通

第二章
掌握有效沟通的艺术

领导力的精髓是沟通。只有掌握沟通的艺术,才能有效建立正向、积极、和谐、共赢的上下级关系,打造共生团队和组织。

一、有效沟通的诀窍

在工作中,有效沟通是消除误会、避免矛盾冲突最好的方法。但是要做到有效沟通并不是一件容易的事情。你听说过沟通漏斗吗?

沟通漏斗是指工作中团队沟通效率下降的一种现象,指一个人心里想说的内容是100%的,如果当众说出来,只能表达出80%的内容,漏掉了20%。而当这80%的内容进入别人的耳朵时,由于文化水平、知识背景等关系,最后被人听到的只有60%。实际上,真正被别人理解、听懂的内容只有40%。三天后听者只能记住20%的内容,三个月后,就只剩下5%的内容了,如图2-1所示。

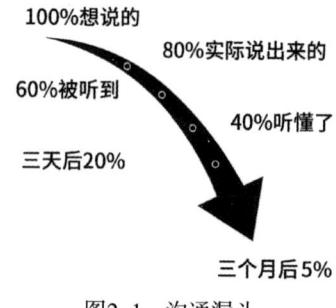

图2-1 沟通漏斗

可见，说话的人想表达出来的内容和听者所了解到的内容，相差十万八千里。领导者尤其要注意这个问题，因为在公司中，领导者作为中坚力量，沟通是必不可少的内容，既要和上级沟通，又要和平级沟通，还要和下属沟通。

沟通要讲究策略。与不同类型的人沟通，方法也是不同的。比如，跟干练的人沟通，就要直截了当、简单明了，不要婆婆妈妈，三两句将主要意思讲清楚即可；与文化水平不高的人沟通，一定要通俗易懂，不要用晦涩难懂的语言与之沟通，让人听不懂；与年长的人沟通，一定要尊重他们，要谦卑、谦逊等。

同样的道理，领导者在与上级、平级和下属沟通时，也要采取不同的方法，这样才能让听者乐于接受。那么，领导者如何有效地处理与这三种关系的人沟通的问题呢？在这里简单分享一下。

（1）与上级沟通。

与上级沟通，就是与我们的顶头上司、领导沟通，一定要有胆识。所谓的胆识就是敢说真话，并能够讲到点子上。有不少干部在与上级领导沟通时发怵，更不用说讲真话了，因为真话往往都不太好听，让人听了之后心里会觉得特别不舒服。万一得罪了领导，以后还有好果子吃吗？其实，一个真正有格局的领导是非常愿意听到下属讲真话的。

唐代非常有名的谏臣魏徵，性格耿直，敢于直言进谏，虽然常常惹得唐太宗大怒，但也因此获得了唐太宗的赏识和尊重。魏徵在担任尚书左丞一职时，有人向唐太宗告状，说魏徵私自提拔亲戚做官。

唐太宗立即派人调查此事，结果是子虚乌有，纯属诬告。但唐太宗依然派人给魏徵传话，告诉他今后要远避嫌疑，不要再惹出这样的麻烦。魏徵却当即面奏说："我听说君臣之间，相互协助，义同一体。若不讲秉公办事，只讲远避嫌疑，那么，国家兴亡就很难说了。"他请求唐太宗让他做良臣，而不要做忠臣。

唐太宗询问魏徵："良臣与忠臣有什么区别吗？"魏徵回答说："使自己获得美名，使君主成为明君，子孙相继，福禄无疆，就是良臣；使自己身受杀戮，让君主沦为暴君，家国并丧，空有其名，就是忠臣。"唐太宗听完点头称是。

企业要发展，就要有人敢于站出来指出企业存在的问题，忠言虽然逆耳，却能让企业防微杜渐，避免企业陷入更大的危机中，哪个领导不愿意接受呢？

当然，敢于在领导面前讲真话，也要注意场合、时机。

（2）与平级沟通。

什么是与平级沟通呢？就是指组织内同层级或部门间的沟通，

是正式沟通的一种。比如，行政部主管与销售部主管之间就是平级关系，与平级沟通，要真诚、友好，要理解和包容对方。

在一个企业中，有些部门负责人总感觉自己高人一等，比如，有的销售主管就看不起后勤部门的主管。"没有我们销售部门创造业绩，拿什么养你们后勤部门这些人呢？"实际上，每个部门都是企业不可或缺的一部分，只有分工不同，没有高低贵贱之分。

公司创造佳绩，往往是多个部门共同协作的结果，而非一个部门就能独自撑起一片天。销售部门创造良好的销售业绩，往往需要行政部门、技术部门、研发部门等多个部门的配合和支持，切勿忽视他人的作用，一味地抬高自己。

（3）与下属沟通。

在企业中，下级扮演的是被管理者的角色，有的员工为了前途或者是性格原因，不敢提出自己真实的想法，导致组织问题被忽视、被掩盖；有的员工出于升职加薪的考虑，会随意附和上级，不说实话，导致公司难以做出正确的决策。

当然，导致领导者与下属沟通不畅，也与上级处于主导地位有关。比如，领导者存在"官本位"思想，认为上级一定比下级强，不愿意与下属沟通，只会给下级施加压力，下达各种命令。

由于上级处于主导地位，因此在沟通过程中上级应主动、积极一些，多一些耐心和用心，因为有时员工可能会因为惧怕上级，说话比较委婉，领导者一定要学会听懂员工的弦外之音。

二、向上沟通：对上级"八项注意"

领导干部在公司里面起到的是承上启下的作用，与上级沟通是一项必不可少的工作。那么，该怎样与上级沟通呢？主要有以下八点。

(1) 注意沟通的场合。

一个人必须知道该说什么、什么时候说、对谁说，以及怎么说。领导者在与上级沟通时，一定要注意场合，看看当下的场合是否方便沟通。

公元前584年，吴王寿梦打算进攻楚国，并对大臣们警告道："谁要胆敢劝阻我攻打楚国，我就处死谁。"有一位侍从想劝阻吴王，但又担心惹恼吴王招来杀身之祸。

于是，他就想了一个办法，每天都怀揣弹丸，手拿弹弓，在宫廷的后园里游荡。吴王看见了就问他在做什么，他回答说："园中有一棵树，树上有一只蝉，蝉在树上喝着露水，唱着歌，但它不知道螳螂就在它的后面；螳螂紧贴着树枝，却不知道黄雀就在旁边；黄雀已经伸长了脖子，准备啄食螳螂，却不知道弹丸就在它的下边。这三种动物都只顾眼前的利益，却看不到身后的祸患。"

吴王听后立刻意识到了自己的错误，随后取消了攻打楚国的计划。

试想一下，如果这个侍从当众指出吴王攻打楚国的计划是错误的，结果会怎样呢？因此，与上级沟通一定要考虑场合，在适当的时间选择恰当的场合进行沟通，是必须要掌握的技巧。

（2）沟通前做好准备，减少沟通的时间与频次。

在与上级沟通前，领导者一定要提前做好准备，最好一次性把要沟通的问题说清楚，尽可能减少沟通的时间。

比如，一个总裁每天在办公室里处理各种事情，忙得不可开交，如果他的下属每隔半个小时来敲一次门，询问关于业务上的一点事情，他是不是很烦？因为他的工作状态完全被打乱，导致他无法静下心来想事情。

还有一种领导者，他分不清什么是聊天，什么是谈工作，每次找上级沟通事情，前20分钟都说不到正题。与上级沟通的时候，要直奔主题，简单明了，不拖泥带水，每个人的工作时间都十分宝贵，在工作时间不做与工作无关的事情，是领导者的基本素养。

（3）让上级做选择题，而不是问答题。

不少领导者都喜欢问上级这样一句话："您觉得这件事该怎么办？"此话一出口，就说明你不是一个合格的领导者，员工可以这样问，但作为领导者是坚决不能这样问的。这样问是将问题抛给上级去解决，而解决问题是领导者的分内之事，这样做显然是不对的。

正确的做法是，领导者想出两个解决的方案：A 和 B，让上级来选择，这才是一个合格的领导者。记住一句话：上级喜欢做选择题，不喜欢做问答题。

或许有人会说，只要会做选择题，就可以当领导，那我也可以。其实不然，"领导"是"率领并引导"，它是一种行为过程，是领导者为了实现预定的组织目标，运用相应的理论、职能、原则、方法，影响、率领、引导组织内的员工去完成预定任务的活动过程。

就像一条船在海上航行一样，领导者的职能是确定这只船的目的地，负责把握全局，至于如何开船到达目的地，那是具体执行者的事情。换句话说，领导者是决策者，而不是具体方案的提供者和实施者。

（4）不要只提建议，却没有答案。

在公司里往往有这样一种人，他们总是提很多问题、很多建议，却永远没有答案。当然，公司鼓励员工提问题、提建议，但要有方法和答案。

比如，公司制定了一项决策，部门经理认为这项决策存在问题，那么，他可以向公司提出来，并说出不行的原因是什么，应该采取怎样的决策，而不能简单地说这项决策不行。这才是提建议的正确方式。

另外，提建议也需要技巧，不能口无遮拦。上级当着全公司100多人刚宣布了一项措施，有人立马举手说这项措施不行，这样的领导者缺乏基本的职业素养。有意见或者建议要私下与上级沟通，不能让上级当众出丑，下不来台。

（5）汇报工作，先讲结果，然后讲重点，最后讲过程。

不少干部向上级汇报工作时，不注意说话的顺序，喜欢先讲过程，将大部分时间花在讲过程上面，让上级觉得自己很不容易，然后讲结果，最后讲重点。这种做法是错误的，因为很多上级没等你讲完过程，就已经很不耐烦了，甚至会狠狠地批评你。

正确的汇报顺序是，先讲结果，然后讲重点，最后讲过程。但真正在实践的过程中，可能并不需要把以上三部分都讲出来。比如，当汇报完结果，如果上级表示出很关心的样子，才需要讲重点；如果上级对结果不是很关心，就不需要讲重点，更不用说过程。因为对于上级决策者而言，他最关心的是结果，他不会把精力花在去了解下属拜访了多少个客户，做了多少个方案上面。

（6）带上本子，记录重点。

在与上级沟通的时候，一定要带上本子。

带本子的目的是记录，比如，上级安排下属做四件事，如果他没有带本子，很可能就只记住两件事。养成随手记录的好习惯，可以避免重要信息出现遗漏，所以一定要记录清楚，记录仔细。

（7）确认无误。

在与上级沟通时，做好记录只是一方面，记录完之后，还要与上级确认，其作用是防止执行偏差。在工作中经常会遇到这样的情况，上级交代了工作任务，可下属觉得上级没有交代，这到底是谁的错误呢？如果有记录，有上级确认的签字，这个问题就迎刃而解了，很容易知道错误在谁，谁应该承担责任。

公司要接待一个重要的客户，领导在晨会上为员工详细介绍了这位客户，并告诉大家客户到达机场的准确时间。会议结束后，领导让秘书做好接机准备,之后就去忙了。

两天后,客户并没有准时到达公司,这位领导接到了客户的电话,在电话里,客户十分生气地说取消这次合作,随即订了回程的机票。原来,秘书记错了时间,没有准时接机。领导暴跳如雷,质问秘书:"这点事都干不好吗?"秘书也有点迷糊,小声地回答:"您不是说明天才到吗?"

"我说的是今天到!今天到!"领导和秘书各执一词,秘书认为是领导说错了时间,领导认为是秘书记错了时间。如果在会议结束后,秘书能将会议记录拿给领导再看一遍,并让领导签字确认,就不会出现互相推诿的情况,当然,也不会丢掉这个重要客户。

(8)执行过程中要及时汇报。

上级安排了工作任务,特别是重要的工作任务,一定要养成及时汇报的习惯,这样做有三大好处:一是让上级知道你的工作进度;二是在执行过程中如果出现问题,上级可以及时给你反馈,给你提意见;三是在执行过程中,如果遇到解决不了的问题,可以及时向上级求助。

三、平级沟通：对自己"六项要求"

上级领导交代工作任务后，领导者在具体执行的时候，往往不是单兵作战，而是需要与其他部门合作，需要与其他部门的负责人沟通，即平级沟通。平级沟通是指在组织内各层级间横向的一种沟通方式。

有这样一则寓言故事：有一天，天鹅、梭子鱼和虾，要将一辆货车从大路上拉回来，它们用绳子把车子拴好后，就一起使劲拉，嘴里不停地喊着："一、二、三，加油！一、二、三，加油！"车上装的东西并不太重，凭借它们的力量完全能够拉动，但它们费了九牛二虎之力，可车子一点都没移动。这是为什么呢？原来天鹅拼命地往天上冲，虾用力往后拖，梭子鱼则使劲地往池塘里拉。因为大家的用力方向不一致，导致车子纹丝不动，还是停在老地方。

这则寓言故事告诉我们，只有齐心协力，思想一致，方向一致，步调一致，才能把事情做好。在一个公司中，一些工作需要多个部门协同作战才能做好，如果沟通不到位，就无法得到各方面的配合，工作也难以推进。因此，我们必须掌握平级沟通的技巧。具体有如下六项要求。

（1）主动沟通。

"双十一"前夕，某公司制订了营销方案，由销售部杨总监主要负责此事，技术部负责配合，为销售部提供相应的数据和技术支持。

杨总监领到任务后，就等着技术部的负责人方总监来上门，可过去了两天，方总监也未登门拜访。杨总监气势汹汹地找到技术部，质问方总监："为什么不到销售部和我一起商量营销方案？"

方总监不紧不慢地说道："你是主要负责人，你不来找我，我怎么知道你是否需要我们技术部提供技术支持呢？也许你们销售部根本用不到技术部呢？"杨总监被问得哑口无言。

在这件事中，销售部的杨总监做事欠缺考虑，既然销售部主要负责营销方案，就应该主动去找技术部，寻求他们的帮助和支持。不要凡事都以自我为中心，应主动去和别人沟通、交流。

（2）懂得谦让。

从小我们就学过"孔融让梨"的故事，但是在职场中普遍存在这样一种认知：谦让得不到上级的认可，谦让是没有自信、没有进取心的表现。因为有这样的认知，所以，在进行平级沟通时，很容易出现针尖对麦芒，双方吵得不可开交，谁也不让谁的现象。

殊不知，在职场同样需要谦让，谦让是一种美德。一个人的职位越高，权力越大，他越懂得谦让，不会咄咄逼人。相反，越是能力不足的人，越会计较芝麻绿豆点的利益，斤斤计较。

（3）先做有效沟通，再要求对方配合。

营销部需要找行政部门打印一份重要的文件，可此时已经到了下班的时间，营销部的主管强硬地说道："这个东西很重要，现在就给我打印！"行政部的工作人员一边收拾东西一边说道："我现在已经下班了，要打印，明天再说。"

这样的沟通方式，再说两句话必定会吵起来。作为营销部的主管，要知道自己是有求于人，就应该讲礼貌，好好地沟通。比如说："对不起，打扰你了，我这儿有一个重要的客户资料，你看能不能帮我打印一下？如果你有事，你就帮我把机器打开，我自己来打印。"

如此一来，行政部门的人员一定会帮忙打印的，因为打印一份文件，不需要花费太长时间，好好沟通，别人肯定愿意帮忙，如果用命令的口吻，就会引发别人的不满，从而不配合你的工作。

（4）站在对方的角度考虑问题。

某公司在忙着做营销活动，因为时间紧、任务重，销售部多次和信息部沟通，希望他们尽快将客户的信息打印出来。可信息部也很忙，每天要处理很多事情，就将此事搁置了下来。销售部负责人便找到信息部主管，用命令的口吻对他说："你们信息部今晚加班也要把客户信息给我整理出来，打印好！""凭什么听你的？我们信息部还轮不到你说话，让你在这里当老大！"

公司的两个部门领导都吵起来了，今后的工作还怎么开展呢？其实大家多站在对方的角度想一想，事情就很容易处理。

比如，销售部负责人对信息部主管说："你们最近工作这么忙，我们需要的资料又很多，要不我派两个人过来，给你们帮忙怎么样？"如此一来，信息部的主管也会感到很惭愧，会立马派人处理这件事，大家各退一步，问题很快就解决了。

（5）分析利弊。

在一个公司中，部门与部门之间需要经常沟通。比如，人力资源部与财务部之间需要经常沟通，因为人力资源部门的很多支出都需要财务部门负责发放；销售部与客服部也需要经常沟通，因为客服部需要向销售部提供客户使用产品后的一些反馈等。

如果部门之间沟通不畅，就很容易出现矛盾，特别是在面对一些重大决定时，双方应该综合对方和自己的观点，分析利弊，做出利益最大化的选择，这是消除矛盾的最好方法。

（6）实现共赢。

从短期来看，或许部门之间存在着矛盾与竞争，但从长远的角度来看，部门之间都存在着共同的利益，存在于公司这个大集体中，只有公司发展好了，每个部门才能有更大的发展空间，每个人才能有更大的前途。因此从本质上说，彼此之间根本不存在矛盾和竞争，而是利益的共同体。

比如，研发部门开发了新产品，需要销售部门通过营销活动，将其打入市场；在营销过程中，又需要信息部门提供技术上的支持和帮助；在开展营销活动中的花费又需要财务部门的支持。只有部门与部门之间顺畅地沟通，完美地配合，才能将产品变现。而只有产品变现后，公司才能得到长远的发展，每个部门才能得到更大的实惠。

四、向下沟通：对下级"给予管理"

上级下达工作任务，领导干部往往不是工作任务的第一执行者，比如公司制定月销售额目标，销售部负责人要将这项任务分派下去，交给团队中的每一位成员，那么，在这个过程中，与下级进行沟通便是必不可少的环节。

领导干部与下属沟通的主要目的是对下级"给予管理"，在沟通过程中，应把握以下六个要素，如图2-2所示。

图2-2 沟通六要素

（1）沟通前先了解状况。

我们去医院看病，医生会询问哪里不舒服，了解我们的一些基

| 共赢领导力 |
——带团队、出成果、上下同心的实战领导力

本信息，包括年龄、有无基础疾病、发病时间等，然后给我们安排一些检查，最终结合各方面的信息，做出诊断。这之前所做的一切工作，都是在了解状况。

沟通也是一样的道理，在与下属沟通前，我们需要了解下属的一些基本信息，不能凭着自己的感觉去判断一件事是对还是错。道理大家都懂，但很多领导者依然做不到。

《吕氏春秋》里记载了这样一个故事：孔子在周游列国时，因赶上兵荒马乱，旅途困顿，一日三餐都用野菜充饥。有一天，颜回好不容易讨回一些白米煮饭。在饭快要煮熟时，孔子看到颜回掀开锅盖，用手抓了一些白米饭放进嘴巴里。孔子当时装作没看见，并没有责备颜回。

饭煮好后，颜回请孔子来吃饭，孔子说："我刚才梦到祖先来找我，我想把干净未被人吃过的米饭，先盛些来祭拜祖先。"

颜回顿时慌张起来，说道："不可以，这锅饭我已经吃过一口了，不能用来祭拜祖先了。"

孔子问："为什么？"

颜回不好意思地说道："刚才在煮饭的时候，不小心掉了一些灰在锅里，把染灰的白米饭丢了实在太可惜，我就抓起来吃了。"

孔子听后,恍然大悟,并为之前自己的想法感到十分惭愧,抱歉地说道:"我平常最信任颜回了,但是还会怀疑他,可见了解一个人,还真是不容易啊!"

想一想领导者是不是也会犯孔子这样的错误呢?不少领导干部没有耐心,在有些员工说明情况时,没等他说两句,就会打断对方的话:"你别说了,我知道了。"其实他什么都不清楚,只凭着员工的只言片语,就武断地做出自己的结论,这是非常愚蠢的行为。

(2)要求下属有反思。

沟通是双方有来有往的过程,领导者在与下属沟通时,不能一味地自己讲,而是要多听听下属的想法和建议,在听的过程中,不时地提问、引导,其目的是让下属进行思考,反思自己的行为。

比如,下属在工作中犯了一个低级的错误,他向主管领导道歉,那么,此时主管领导就可以问问员工:"你有没有想过自己为什么会犯这么一个低级的错误呢?"通过反思,才能让下属真正地认识到自己的错误,以便于他日后改正。

(3)提供方法。

对于普通员工来说,他们的工作主要是执行。领导者的任务是对下级"给予管理"。因此,在下属遇到难题需要解决时,领导者要有能力为下属提供解决问题的方法,特别是刚入职的新员工。

首先,要和员工一起分析问题;其次,提出解决问题的策略;最后,让员工进行反思。自己不能独立解决问题,要引导员工思考是哪个环节出了问题,并重新梳理解决问题的全过程,便于员工日后遇到类似问题能够快速解决。

值得一提的是,当员工在一个问题上反复犯错时,领导者也应该反思,而不是一味地批评、责罚员工。《论语》中有这样一句话:"不教而诛谓之虐",意思是说,你还没有好好教他,就处罚他,这叫暴虐。

当员工做得不好时,领导者是否应该先问问自己是不是没有教好他呢?当员工因为工作未做好受到公司的责罚时,领导者是不是能够有勇气说"这是我的责任,我没有教好他"呢?为下属承担错误,体现的是一个领导者的胸怀,领导力也能得以提升。

(4)紧盯过程。

经常听到一些领导干部抱怨:交代的任务并不难,为什么员工总是不能如期交付?确定的目标并不高,为什么下属总是完成不了?工作并不难做,为什么总是得不到满意的结果……

出现以上情况，除了执行者的因素外，领导者也有很大的责任，即重结果、轻过程。领导者将方法教给下属，并不意味着万事大吉，还应紧盯下属执行的过程。紧盯过程的好处在于以下三点。

①督促进度。领导者紧盯过程，一方面，可以及时了解下属的执行进度；另一方面，在员工有懒惰行为时，可以进行督促，确保任务准时完成。

②纠正错误。下属学习到了方法，在执行过程中还有可能出现各种各样的问题，紧盯过程，就可以及时发现员工在执行过程中犯下的错误，及时纠正，避免出现南辕北辙的情况。

③提高工作积极性。每个人都渴望被关注，尤其是被上司关注。领导者要懂得人性，在下属执行过程中，要时不时地去关注下属，了解下属的工作情况，从而有利于提高员工的工作积极性。

（5）接受下属意见。

领导者与下属在工作过程中，也要多听听下属的意见，所谓"当局者迷，旁观者清"，说的就是这个道理。每个人身上都有觉察不到问题的时候，虚心接受别人的意见，也有利于自己能力的提高。因此，听取下属的意见，并不是件可耻的事情。

共赢领导力
——带团队、出成果、上下同心的实战领导力

本田宗一郎是本田车系的创始人。在汽车内燃机问题上,本田技术研究部在采用"水冷"还是"气冷"的问题上一直争论不休。本田宗一郎是"气冷"的支持者,因他是管理者,所以,新开发出来的 N360 小轿车都使用的是"气冷"式内燃机。

1968 年,在法国举行的一级方程式冠军赛上,一名车手在驾驶本田汽车公司的"气冷"式赛车参加比赛时,因车速太快,导致车毁人亡,从此本田"气冷"式 N360 汽车的销量锐减。

于是,本田技术研究所的技术人员再次要求研究"水冷"式内燃机。起初本田宗一郎是拒绝的,但在本田公司的副社长藤泽武夫的提醒下,他终于意识到自己的错误,如果早一点听取技术人员的意见,或许就不会导致本田汽车陷入被动局面。后来,研究员研发出了适应市场的产品,本田汽车的销量又开始大增。

(6)给下属尝试的机会。

员工要成长,就少不了犯错误。不犯错误的员工,只有两种情况:一种是不做事,另一种是只做自己能力范围之内的事情。这两种人都很难有所突破,潜力无法得到发挥,这不是公司需要的人。因此领导者要多给下属尝试的机会,哪怕是犯错误,都是一种成长的机会。

第二章 掌握有效沟通的艺术

本章小结：

◎有效沟通的诀窍：对上沟通有"胆识"；平级沟通要"真实"；对下沟通要"主动"，更要多一些"耐心"

◎上级沟通"八项注意"：注意场合、做好准备、做选择题、要有方案、注意汇报次序、记录重点、确认无误、及时汇报

◎平级沟通"六项要求"：主动沟通、懂得谦让、先沟通再提要求、换位思考、分析利弊、实现共赢

◎下级沟通"给予管理"：了解情况再沟通、要求下属有反思、要提供方法、紧盯过程、接受下属意见、给下属机会

第三章

培育卓越领导力的内在素质

要想成为卓越的领导者，除了要掌握"领""导""力"的方法、有效沟通的艺术，更需要从自身做起，树立正确的职业理念、培育卓越的内在素质。

一、领导力的本质：达成目标

一位刚步入管理层的甲与一位有十多年管理经验的乙，两人对领导力的认知有着本质的不同。甲认为作为管理者，应该关注业务、流程、指标、绩效，达成组织的目标是最重要的事情；乙则认为让每一位成员的潜能得到充分释放，通过自我的发展以及团队的协作，达到自我实现最重要。

那么，甲与乙，哪个人的认知是正确的呢？要回答这个问题，就要先搞清楚领导力的本质是什么。领导力是对一个有组织的群体及追随者施加影响，并通过变革以实现其目标的过程。从定义上来看，领导力的本质是达成目标，如图3-1所示。

图3-1 领导力的本质

通过上图可知,领导力是领导者、追随者与目标之间的互动,领导力就是组织成员的追随和服从,这是一种非职务影响力。领导虽然不是亲自去做事,但应明确告诉成员应该做什么,不能做什么。在员工迷茫无助的时候,领导者要做一盏明灯,为员工指引前进的方向。更进一步说,领导力是对未来不确定事物的明确把握,并通过组织来推动团队达成目标。

需要特别提出的是,领导力的本质还应特别强调成就对方,完善和提高自己,与下属互相成全,共同成长。这是双向良性互动的过程,并非只是一个单向输出,这一点很容易被忽视。

蔡某是一家公司的策划部总监,他从一线员工开始做起,摸爬滚打到现在这个位置,因工作能力很强,表现突出,深得领导赏识。

蔡某对工作要求异常严格,经常加班,废寝忘食地投入工作中。他不仅严格要求自己,也会严格要求他的下属,要下属像他一样全心全意地为公司工作。他在开会的时候,经常对员工说:"公司的事再小也是大事,个人的事再大也是小事。"

蔡某要求员工在上班期间,不能接打私人电话,不能做与岗位工作无关的事情,并且要求下属养成"早出晚归"的工作习惯,经常要求下属们加班到深夜。即使员工无事可做,也不得随意离开,否则就克扣员工的工资，不给其晋升的机会，甚至是调离或者解雇。即便是在节假日，蔡某也经常会给员工安排额外的工作，基本上全年无休。

在蔡某的领导下，员工们有做不完的工作，即便做的是毫无意义的工作，也不能停下来。他的"铁政"引发了员工们极大的不满：抱怨蔡某没人性，完全不给员工私人空间，随时都被监视。有一次，一名员工忍无可忍，在公司的内部微信群里向蔡某提出要加班费，应让员工享受合理休息的时间等问题，蔡某看到后，不动声色，但没几日就以这名员工考评不合格为由将其辞掉了。

蔡某本想杀鸡儆猴，没想到引发了整个部门的极大愤慨。员工士气低落，工作效率大大下降，好几名员工递上了辞职信，公司老板得知此事后，将蔡某调离了原来的岗位。

从蔡某的表现来看，他深知领导力的本质是带领员工达成目标，可是为了完成目标，他采取了很多"暴政"，让员工无法忍受，引发了部门的混乱，最终被公司调离岗位。

带领员工达成目标的方式很多，像蔡某那样向员工施压，让员工被迫劳动，这是一种非常愚蠢的方法，因为这种方法不得人心，无法提高自身的领导力。最聪明的做法是，影响下属，让下属主动跟随、积极努力，这样，团队的战斗力提高了，达成目标就变得轻而易举了。

二、做高层级的领导者

领导力的核心是什么？如何更有效地组织团队达成目标？核心就是影响力。

影响力是用一种别人所乐于接受的方式，改变他人的思想和行动的能力。构成影响力的基础包括两大方面：一是职务权力型影响力；二是非职务权力型影响力。

职务权力型影响力又称为强制型影响力，主要源于职位、法律等，对人的影响带有强迫性、不可抗拒性，并通过外推力的方式发挥作用，但职务权力型影响力对人的心理与行为的激励是有限的。

非职务权力型影响力也称为非强制型影响力，主要源于领导者的人格魅力，以及领导者与被领导者之间的相互感召与信赖，影响因素包括才能因素、知识因素、品格因素、情感因素等。

共赢领导力
——带团队、出成果、上下同心的实战领导力

关于领导力的层次,老子在《道德经》中有这样一段话:"太上,不知有之;其次,亲而誉之;其次,畏之;其次,侮之。信不足焉,有不信焉。悠兮,其贵言。功成事遂,百姓皆谓:我自然。"

这段话的意思是说,最好的统治者,人民并不知道他的存在;其次的统治者,人民亲近他并且称赞他;再次的统治者,人民畏惧他;更次的统治者,人民轻蔑他。统治者的诚信不足,人民就不相信他。最好的统治者是多么悠闲,他很少发号施令。事情办成功了,老百姓说:"我们本来就是这样的。"

在实践中,领导力基本上可以分为五个层次。

第一,职位层。

假如你是一个部门总监,这个头衔本身就会带给你一些权力,但是仅仅通过职位来影响他人,而不是通过努力提升自己的影响力,那么员工只能被迫服从,但服从的也仅是你职权范围内的命令。

职位层领导力是最低层级的领导力,单靠职位权力是很难获得下属的认可和追随的。

第二,关系层。

在这一层级,领导者获得下属的认可主要依靠有信赖感的人际关系。

领导者经常关心、关怀下属，肯定他们的价值，能够与下属打成一片，甚至可以做到与下属同甘共苦，这样的领导者通过人际关系的建立，很容易获得下属在情感上的认可，甚至产生依赖心理，这样，领导力就建立了起来。

第三，能力层。

俗话说，"强将手下无弱兵"。领导者的职责之一是提高下属的工作能力，如果领导者的业务能力不强，很难让下属服从，领导力便无从谈起。因此，领导者的业务能力不仅要非常强，还要能够帮助员工成长。

比如，当员工遇到难以成交的客户时，领导者就应该有能力帮助员工解决这件事，这是领导者能力的体现，在这个过程中，领导者能够获得员工的钦佩与尊重。

第四，人才培养层。

领导者的其中一个职责是培养出更多优秀的人才，让他们发挥更大的价值，为企业发展注入活力。从这个角度来说，领导者是员工的导师，能够帮助员工提高职业才能，即将领导者身上的职业才能传授给员工，让他们像领导者一样优秀。

第五，人格魅力层。

人格魅力是指一个人在性格、气质、能力、道德品质等方面具有的很能吸引人的力量。有能力的人不一定有人格魅力，缺乏优秀的品格、个性魅力、管理能力，其影响力也会大受影响。那么，如何才能提高人格魅力呢？主要有以下四点。

第一，要具有超越意识，能被员工认同，公道正派，大公无私，能够锐意进取，敢于承担责任，能够想全体员工之所想，谋部门群体利益，用自己崇高的品质感染团队，增强团队的凝聚力。

第二，能够独当一面，甚至是某方面的职业专家、管理专家，能够真心实意帮助员工，使他们心存感激、心悦诚服地效力自己的岗位。

第三，能够身体力行，以身作则，成为先进、成为榜样，绝不凭空捏造、无中生有，让员工打心眼里佩服管理者，毫无怨言地做好本职工作。

第四，领导者心胸坦荡，用海纳百川的气度厚待全体员工，设身处地地宽宥全体员工的过失和过错，而不是吹毛求疵。

因此，只有达到第五个层次，才能称得上具备最高级的领导力，也才是最高效的领导干部。

三、领导力的"四大误区"

领导力,简单地说就是带人成事的能力,也可以认为是让别人追随、信服的能力。关于领导力,不少高管还存在认知上的错误,主要表现在以下四个方面,如图 3-2 所示。

图3-2 领导力的"四大误区"

第一个误区:没有高位就无法领导

不少人认为领导力是来自某个职位或者某个头衔,没有高位就没有领导力,所以,公司里的"一把手"领导力最强。其实不然。

衡量领导力的最佳标准是影响力,一个普通人哪怕没有职位和头衔,也可能具有一定的影响力,这是非职权影响力在发挥作用。

共赢领导力
——带团队、出成果、上下同心的实战领导力

小美是一名普通房地产销售员，有一位老大爷一直想买房，看过很多楼盘，接触过很多销售员，但都没有成交，直到遇到小美，老大爷很快就通过小美购买了一套三室一厅的房子。

这是为什么呢？是因为小美销售的楼盘很棒，价格又相对便宜吗？不是的，是小美很有耐心。不管老大爷提出如何古怪刁钻的问题，小美都不生气，总是笑呵呵地解答，最终赢得了老大爷的信任，老大爷还介绍了他的几个朋友来找小美买房。

不管是普通的销售员，还是公司领导者，都要具有一定的影响力，这无关职位。在合作越来越频繁的职场上，一项工作任务的完成往往需要多人甚至多个部门的协作，这就需要具备较强的人际关系处理能力，才能提高工作效率和工作质量。

因为即使你是公司领导者，有一定的权力，但是同事只是按照规章和流程办事，如果不积极配合和协调，那么，你的工作效率就会低下，甚至无法推进。即使需要下属配合，若不懂得如何处理与下属的关系，办起事来也会磕磕绊绊，可见非职权影响力是非常重要的职场软实力。

因此，作为公司领导者，即使不身居高位，也可以通过非职权影响力获得领导力。

第二个误区：身居高位之后，再学习领导力

不想当将军的士兵不是好士兵，将军都是从士兵做起的，但那些成为将军的人，在他们是士兵时，就已经远超于其他士兵。他们一直在默默地朝将军的方向努力，只不过需要等待一个机会，把实力证明给他人看，从而获得将军的职位。没有哪个士兵天生就能当将军，机会是留给有准备的人的。

学习领导力也是一样的道理，在未当上领导之前，我们就需要提前做好准备。一旦有机会，我们在带领团队时，就能做到游刃有余。

第三个误区：身居高位，下属就自然服从

没有领导经验的人，总认为身居高位，有了头衔，就有了巨大的影响力，下属就会自然地服从。殊不知，职位只是给领导者提供了一个机会，让他有机会去发挥自己的领导力，至于能否获得下属的认可，并不依靠职位和头衔，而是取决于领导者影响力的提升。也有人可能在获得职位和头衔后，领导力水平反而下降了。

身居高位，并不意味着可以掌控一切。若有这样的想法，这样的领导者很有可能是一个暴君，通过手上的权力来管制员工，这会导致员工口服心不服。相反，领导者身居高位，更应该做出表率，按照公司的规章制度和原则来办事，提高自己的能力，超越职权范围去影响他人,这才能称为是优秀的领导者。

第四个误区:身居高位,我就可以掌握一切

身居高位的人往往会产生这样一种心理:我比其他人都强,我就可以掌握一切。在这种心理驱使下,这种人的行为往往无所顾忌,甚至会张扬跋扈、横行霸道。

李林甫是唐玄宗时期的宰相,除了李林甫之外,唐玄宗还任命张九龄、裴耀卿为宰相。就职时,张九龄和裴耀卿都弯腰趋进,表现得十分谦卑。而李林甫却站在张、裴二人的中间,表现得十分得意,态度非常傲慢。当时的人都惊叹道:"这是一雕挟两兔啊!"

在李林甫担任宰相期间,他独揽朝政大权,蒙蔽皇帝耳目。比如,他曾对谏官说:"如今有圣明天子在,群臣顺从圣意都来不及,哪里还需要什么谏论?你们没有看到那些立仗马吗?它们只要默不作声,就可以得到上等的粮草,但只要鸣叫一声,就会被立刻剔除出去。就算以后不会乱叫了,也不会再被征用了。"从此,谏官们都不敢谏净。

然而,李林甫的结局是什么呢?死后被告谋反,被削官、改葬,家产全部被抄没,子孙被判处流放之罪。

身居高位的领导更应该以身作则,遵守相关规章制度,不能越雷池一步，绝不能为所欲为。一定要牢记一句话：位高者不能仗恃，权重者不可横行。

四、切忌触碰领导力的"三把刀"

公司高管要提高领导力，要谨防一些不当行为，以免导致好不容易积攒起来的领导力顷刻间毁于一旦。那么，我们就来看看破坏领导力的"三把刀"是什么，这"三把刀"是如何让管理者的领导力降至冰点的。概括起来主要有以下三点。

（1）说话不算话。

单某是一名中等规模企业的副总，他的工作能力很强，但在带团队方面存在着不少问题，比如，他的下属经常抱怨单某总说话不算话。

月初的时候，单某承诺只要这个月完成销售目标，就请下属去聚餐、唱歌。得知有奖励，团队干劲很足，于是，在团队的共同努力下，销售目标超额完成，大家都在期盼单某兑现诺言。

可是到了月末，单某对聚餐、唱歌只字不提，员工提醒他，他不是说自己没有说过,就是说那就是一句玩笑话,让大家不要当真。渐渐地,员工都觉得单某说话不算数,从此没有人再把他说的话当回事。

细节决定成败,看似微不足道的小事,但对领导者提升领导力有重大的影响。因此,领导者一定要信守承诺,言行一致,真诚待人,只有这样,才能获得下属的信任。反之,则会让领导力大打折扣。

(2)不自控。

徐某是一家公司的部门总监,背地里员工都管他叫"咆哮哥",因为他每天都要咆哮几次,员工犯了错误,徐某要吼;员工工作做得不够完美,徐某要吼;员工工作积极性不高,徐某还要吼……

老板曾经和徐某谈论这个问题时,要徐某控制一下自己的脾气,可徐某认为哪个领导者没有脾气呢?没有脾气的领导者还能管好员工吗?由于自身没有意识到发脾气的害处,因此,"咆哮哥"的"桂冠"一直戴在他的头上。

诚然,领导者批评员工是需要的,但每天都火冒三丈、怒发冲冠,其实就是不自控的表现。真正优秀的领导者善于控制自己的情绪,喜怒不形于色。有些领导者知道发脾气不妥,事后也会向员工道歉，但伤害不会随着道歉消失，它就像你在墙上钉上一颗钉子一样，即使有一天钉子脱落了，墙上的洞也会一直存在。

当然，领导者不自控的表现，不仅在控制情绪上，掌控时间也是重要的一个方面。小程是一个优秀的项目经理，深受老板的器重，但最近他陷入了过度加班的苦恼之中，真的是因为工作太多吗？不是的，每天只要两三个小时就能把工作做得妥妥的，可他为什么要加班呢？

小程解释说，他们做项目管理的，一天到晚能安静下来做事情的时间很少，不是向领导汇报项目进度，就是和团队开会讨论项目的开展情况以及如何与客户对接的问题，总之上班时间要和老板、员工、客户不停地打交道，然而，自己想要做的文件，需要思考的内容，往往要等到下班后才有时间去处理。

其实，很多项目经理都会遇到像小程一样的情况，该如何解决呢？这就需要领导者会掌控自己的时间，比如，可以挑出一段时间，将手机调成静音，利用软件发个循环会议，一来可以避免大量不紧急的工作，二来也能够让自己集中精力完成自己的工作，然后再去处理其他事情，大大提高工作效率。

建议领导者养成设立计划和目标的习惯，与其感叹太忙，没有时间，不如通过制订递进式的计划对工作进行规范，并按照计划做事，从而提高对工作的自控力。

（3）赏罚不明。

领导者一定要赏罚分明，有功就要赏，有过就要罚，这样才能树立威信。倘若赏罚不分，一味"和稀泥"，比如，给予平时关系较好的员工重赏轻罚，给那些平时关系疏远的员工重罚轻赏，这必然会引起员工的不满，使他们不愿意服从领导者的管理。

五、找到领导力的"两把金钥匙"

提高领导力的方法有千万种，其中有两把"金钥匙"，一定要掌握好：一是满足需求；二是建立情感账户。

（1）满足需求。

员工来到团队之中，是有一定需求的，并且员工在不同的发展阶段，他们的需求是不同的。因此，领导者能否满足员工的需求，对于提高领导力起着至关重要的作用。那么，员工有哪些需求呢？主要有以下四大需求。

第一，赚钱的需求。

对于大多数员工来说，赚钱是参加工作的第一需求，因为要满足自身生活的需求，特别是家中的顶梁柱，上有老下有小，赚钱是一件重要且急迫的事情，如果工作不能给员工带来收入，员工肯定就会离职。

因此，领导者要在能力范围之内，尽力为员工争取到好的收入，一个好员工值得用金钱来激励。

第二，成长的需要。

小李在大学毕业后，进入一家设计公司做了一名设计员，一年后，公司里很多员工都因为嫌弃工资太低离职了，和小李一同进入公司的只剩下两个人，小李为何不离职呢？他有自己的打算，他认为自己在这家公司还有需要学习的东西，经理对他不错，在经理的帮助下，他成长了不少。小李想在这家公司再干上一年，然后考虑去一家更好的公司发展。

只有努力实现自我提升，才能成长为更好的自己，而更好的自己意味着拥有更多选择的机会，它可能是一份更高的工资，或者是拥有更多内部岗位的选择，抑或是能跳槽到一家更有前途的公司等，只有就职的岗位或者领导者能够为员工提供成长的空间，他们才会愿意留下来，愿意跟随领导者。

因此，领导者要带领员工去探索新的领域，这既能让员工对工作产生新鲜感，又能让员工的能力得到提升，更加愿意努力工作。

第三，晋升的需要。

年轻的时候，可以拼命打拼，尤其是刚毕业的大学生，他们希望通过努力，获得成绩，但是没有哪一位员工希望一辈子做底层员工，时间久了，都希望成为管理人员。因此，员工希望他的上司能够给他提供锻炼机会，这也是让员工愿意追随上司、服从领导的一个重要原因，若前途没有希望，离开是早晚的事情。

第四，感受到工作的快乐。

赚钱、提升自己、获得晋升的机会固然很重要，但是员工也有精神需求，在这里工作是否让他们感到开心、快乐，也是一个重要的考虑因素。

比如，有的公司为了活跃气氛，经常会在工作之余，搞一些娱乐竞猜活动；有员工取得了好成绩，领导会送上一份小礼物，会把喜报发到员工家里，让员工和家人一起分享喜悦；公司每个季度会搞团建活动，让员工释放压力，放松心情；在员工受挫时，领导会鼓励大家一起为他打气；在团队取得好成绩时，领导带领大家一起庆祝。在这样的团队中工作，既富有激情，又能让员工感到快乐，这样的领导者谁不愿意追随呢？

（2）建立情感账户。

领导者可以严格要求员工，但背后一定要有情感支撑，不能一味地严格，毫无情面，这样员工才能死心塌地地追随。

美国通用电气公司董事长兼首席执行官杰克·韦尔奇是一位传奇总裁，他至少能叫出通用1000名高级管理人员的名字，他会亲自给小时工写信，他非常喜欢与下属共进午餐。韦尔奇说过："如果没有他们，我就干不好我的工作。"

法国企业界有这样一句名言："爱你的员工吧，他会百倍地爱你的团队。"领导者要明白"爱员工，团队才会被员工所爱"的道理，通过情感投资来创造和谐有爱的团队。

日本麦当劳的社长藤田田在《我是最会赚钱的人物》一书中指出：情感管理是获得回报率最高的管理方式。他的信条是：为职工多花一点钱进行感情投资，绝对值得。

藤田田非常关心员工，每年都会给医院支付巨资，作为保留病床的基金，当员工或者他们的家属生病时，就可以立即住院治疗。有人问，如果员工几年不生病，这笔钱岂不是浪费了吗？藤田田回答说："只要能让职工安心工作，对麦当劳来说就不吃亏。"

除此之外，腾田田还规定将从业人员的生日定为个人的公休日，使每位职工都可以在生日这天和家人一起庆祝。

领导者在工作中严格要求，在工作之外对员工多一些关怀，就能增强团队的凝聚力和向心力，同时也有助于提高领导者的领导力。

六、培养领导力的"四大品格"

领导者的德行和才能，相比来说，德行应摆在第一位，越是大企业，越会坚持德才兼备、以德为先的用人标准。高管要提高领导力，就必须具备以下"四大品格"。

（1）身先足以率人。

销售部门因为没有完成销售目标，不同的销售总监会采取不同的应对策略。有的销售总监会对没有完成既定目标的员工给予一定的惩罚，比如，扣发一部分工资，在公司进行通报等。

但有的销售总监则会向公司提出申请："上个月我们没有完成销售目标，我应该承担责任，请公司对我进行处罚，不要处罚员工。"如果员工知道了实情，心里一定会非常难过，但也会很感谢销售总监,同时会在接下来的工作中更加努力,团队的凝聚力一下子就提升上来了。

诸葛亮是刘备的军师,按理说他的职责是运筹帷幄,决胜千里,并不需要亲自上战场,可每次打仗,诸葛亮都会乘坐四轮战车,与将士们一同上战场。诸葛亮的这一举动就是身先士卒,以此来激励士兵。

要想当好领导者,在要求员工之前,首先要自己做到,其次才能领导员工。身先士卒是领导者必备的品质之一。

(2)轻财足以聚人。

"轻财"是指领导者不能太小气、太抠门,否则很难带领团队。领导者必须要舍得,舍得为团队付出,舍得为团队花钱,这事关格局。

比如,一家大型公司的创始人余总,为了让高管们提高格局,要求他们连续一个月免费请他们的下属吃饭。身为领导者,格局一定要比普通员工大,否则很难领导员工,员工也不愿意追随吝啬的领导。

但是在金钱利益面前,有多少领导者真正舍得花钱呢?假如A

带领的团队获得了集团销售冠军，集团对 A 带领的团队进行了奖励，全体员工可以免费旅游，而 A 作为经理，额外得到了 1 万元的个人奖励。那么，这 1 万元该如何处理呢？

第一种经理：收入囊中，这是集团奖励自己的，进入自己的腰包，无可厚非。

第二种经理：拿出 5000 元，搞团建，请员工吃饭、唱歌。

第三种经理：将 1 万元全部拿出来，他认为这是大家的功劳，所以这 1 万元理应大家一起享用。

这三种经理哪种更有未来呢？显然是第三种。或许你无法做到第三种，但绝不能做第一种抠门的经理。看似你损失了金钱，其实你获得了更多的支持，员工会愿意服从你的管理和安排，未来的业绩会更好。这就是格局，眼光一定要放长远，不能为了贪图小利失大体。

（3）量宽足以容人。

凌晨两三点，一位领导带助理去视察工作，突然看到一名员工趴在桌子上睡着了，据说这位员工已经连续加了一个星期的班，他实在太累了。助理上前想要叫醒这位员工，被领导制止了，领导不仅没有批评他，反而脱下自己的大衣，盖在了这位员工身上。这位领导选择了宽容员工的不合规行为。

你听说过"绝缨会"的故事吗？楚庄王为了庆祝出师伐郑得胜，设宴赏赐军中的武将，名曰"太平宴"，并让自己的妾室许姬为将士们斟酒。宴席期间，一阵风将灯火全部吹灭，一名武将因垂涎许姬的美色，趁着酒兴，摸了许姬一把。许姬大惊失色，奋力挣脱后，顺势扯下了那名武将帽子上的红缨。

许姬向楚庄王告状道："我刚才在敬酒时，有人乘烛灭欲有不轨，刚才我把那个人帽子上的红缨抓了下来，现在您赶紧命人点燃蜡烛，看看是谁非礼我！"

楚庄王想了一会儿，竟然让士兵们把帽缨摘下，并暂缓点灯，等到士兵们将帽缨全部摘下后，才命人重新点上灯。酒宴重新开始后，楚庄王继续谈笑风生，根本没有对刚才的小插曲耿耿于怀。

三年后，楚晋两国爆发了争霸大战，楚国有一名叫唐狡的将领拼死奋战，楚庄王感到很奇怪，问他："我平时并没有优待过你，你为什么会为我如此拼命呢？"唐狡回答："大王还记得三年前的宴会吗？我就是那个被折断帽缨的人，您当时不杀我，我就下决心誓死为大王而战。"楚庄王听后感慨万千。后来,人们给那次盛宴取了一个响亮的名字——绝缨会。

企业高管要凝聚人心,就必须要有"宰相肚里能撑船"的度量,一是容人之长,允许下属比自己优秀;二是容人之短,允许员工有缺点,不能苛求员工能力品性俱佳,能够用人之长即可;三是容人之异,即允许别人与自己有不同,包括处世、为人以及做事的方法;四是容人之错,"人非圣贤,孰能无过?"对于认真工作的员工的无心过失、点滴过错,领导者需要有一颗包容之心,不要过于苛责。

当然,宽容要有原则,对于工作态度、工作绩效长期不佳的员工,领导者要给予必要的约束和管控,而不能当"老好人";对于违反公司管理制度、价值观的人或现象,也要给予严肃的处置。

(4)律己足以服人。

在一个公司内部,要想让员工对领导者心服口服,不能光靠职权,比如,公司规定迟到扣100元,那么,领导迟到会不会扣100元呢?如果领导者不能律己就难以服众,所以领导者必须以身作则，严格要求自己，才能起到"在制度面前人人平等"的示范作用，正所谓"律己无声，不怒而威"。

曹操的官兵在经过麦田时，曹操下令官兵们不能践踏麦田，如果违反军令，就要杀头。于是，曹操的官兵们都下马，小心谨慎地过麦田，没有人敢践踏麦子。百姓看见了，都称颂他们，甚至有人向他们磕头叩谢。

曹操骑马正在走路，突然，田野里飞起一只鸟，马儿受到了惊吓，一下子蹿进了麦田，踩坏了一大片麦田。曹操让执法官为自己定罪，被执法官拒绝了，他便举起刀要自杀，众人赶忙劝住。

于是，曹操就用剑割断自己的头发说："那我就割掉头发代替我的头吧。"现在我们觉得割掉头发是小事，但在古代这也是一种刑罚，叫作"髡刑"，古代人都是留长发的，留有短发的人只有奴隶，因此短发往往是低贱的象征。

严于律己，严格遵守公司的规章制度，杜绝工作中的漏洞，自然会成为员工心中的榜样和标杆，而榜样则会为领导力加分。

本章小结：

◎领导力的本质：达成目标

◎领导力五层级：职位层、关系层、能力层、人才培养层、人格魅力层

◎领导力"四大误区"：没有高位就无法领导；身居高位之后，再学习领导力；身居高位，下属就自然服从；身居高位，我就可以掌握一切

◎领导力的"三把刀"：说话不算数、不自控、赏罚不明

◎领导力的"两把金钥匙"：满足需求、建立情感账户

◎领导力的"四大品格"：身先足以率人、轻财足以聚人、量宽足以容人、律己足以服人

第四章
共赢领导力需要有使命

　　企业有使命才能登高、行远，成就伟大；领导者有使命才能减低"自我"、提升"大我"，实现共赢。高管践行自己的使命，方不辜负组织的信赖；企业带头人践行自己的使命，方能拥有团队的信任。如此，一家企业才能做到"上下同心"，共同铸就优秀的组织、成就伟大的事业。

一、高管两大使命

（一）使命一：成就他人

成就他人包含两个方面：一是成就企业，二是成就下属。

不少高管对这一使命并不是很理解，他们认为自己在企业就职，就是为了获得好的收入与待遇，让自己的职业发展有一个好的前途，为什么要成就他人呢？原因有以下三点。

（1）与高管的职责有关。

管理是指一定组织中的管理者，通过实施计划、组织、领导、协调、控制等职能来协调他人的活动，使别人同自己一起实现既定目标的活动过程。对于高管来说，个人的成功不算成功，只有所带领的团队取得成功才是真的成功，这是领导者必须具备的意识。

然而，不少管理者在当上领导后，思维意识并没有发生改变，还是每天忙着提高自己的业绩，忽视对团队的管理，不对团队成员进行培训和能力提升。这种做法是本末倒置的，是不会被企业带头人欣赏和认可的。

公司为什么提拔我们做高管呢?就是因为我们的业绩好,是销售冠军,公司希望通过我们培训、带领团队,培养出无数个和我们一样优秀的销售能手,这是企业带头人最希望看到的事情。

因此,领导者应该把更多的时间和精力花在团队上,放在团队成员身上,经常组织会议、培训,加强与员工的沟通,将自己的真才实学、真本领、工作经验传授给员工,这才是管理者的主要工作职责。领导者的使命就是成就他人。

(2)成就他人就是成就自己。

一些领导者或许有这样的顾虑,担心自己将本领都教给了下属,有一天下属会超过自己,取代自己的地位。其实这种担心是没有必要的,因为领导者的职责是以带团队、促进团队的进步为主,而不是以提高自己的业绩为主,下属的进步才是领导者最大的功劳,也就是说,成就下属就是成就自己。

《道德经》中有这样一段话:"天地之所以能长且久者,以其不自生,故能长生。是以圣人后其身而身先,外其身而身存。非以其无私耶?故能成其私。"

这段话的意思是说,天地之所以能长久存在,是因为它们不是为了自己的生存而自然地运行着,所以能够长久生存。因此,有道的圣人遇事谦退无争,反而能在众人之中领先;将自己置之度外,反而能保全自身生存。这不正是因为他无私吗?所以能成就他的自私。

《道德经》中的这段话,与心理学中的"间接定律"大同小异。间接定律是说要提高自己的价值(包括物质与精神两个方面),必须通过提高他人的价值间接地实现。

比如,领导者要想提高自己的价值,必须先提高团队的战斗力,才能显示出自己的领导水平较高,这样才能被公司认可。

再比如,有些公司只追求利益最大化,不从企业长远的角度维护和经营客户,最终导致客户流失,企业昙花一现,没几年就倒闭了。相反,那些注重产品质量,一心为客户着想的企业,虽然一时难以获得最大的利润,但往往能使企业走得更远,做得更大。

作为领导,一定要具有高瞻远瞩的意识,不为眼前的利益所动,深知"将欲取之,必先予之"的道理。古往今来,凡是能成大事之人,都深谙其道。刘邦曾经问谋士陈平:"我与项羽相比,有什么区别呢?"陈平回答说:"大王粗野傲慢,项羽谦虚有礼。"刘邦又问:"那你为什么弃项羽来归顺我呢?"陈平说:"对于有功之人,大王不吝惜赏赐,项王则很少封赏。"

一个人只有懂得给予别人,才能获得更多,因为给予别人能够深得人心，能将人心聚集起来，在需要的时候将他们组织起来共同完成一些事情。需要众人共同去完成的事情一定是大事，最大的获利者一定是作为组织者的自己。

领导者要明白一个道理：公司最缺少的不是一个精通业务的人才，而是能培养人才的领导者。假如你是一个部门总监，业务十分精通，在你的带领下，团队中不少人的业务能力大大提高了，被公司委以重任，有的甚至被调到分公司担任部门经理。现在公司有一个副总的职位空缺出来，最有可能的人选就是你，因为公司里不少管理者都是你的下属，你在公司有能力、有威信，能服众。

从表面上看，你成就了很多人，其实最终受益的还是你自己，你的职位得到了晋升，收入和待遇得到了提高。所以，优秀的领导者一定要具有成就他人的意识和行为，淡泊名利，虚怀若谷，愿意去帮助他人成功，甘愿做铺路石，做人梯，最终必将成就一番事业，实现名利双收。

（3）成就他人就是在给自己积累福报。

在英国一个乡村的田野里，一名男孩落入水中，他大声呼救，在附近劳作的一个农民听到了呼救声后，马上跳入水中将男孩救了起来。这名获救的男孩是一个贵族公子，他的父亲带着礼物亲自登门感谢，但农民拒绝了这份厚礼，他说自己救人只是出于良心，并没有想过贪恋别人的财物。

男孩的父亲十分敬佩这位农民，决定资助他的儿子到伦敦去接受高等教育。农民接受了这份馈赠，他做梦都想着让孩子接受良好的教育。最后农民十分开心，男孩的父亲也很快乐，因为他认为自己帮助恩人完成了梦想。

多年以后，农民的儿子从伦敦圣玛丽医学院毕业，被英国皇家授勋封爵，并获得1945年的诺贝尔医学奖，他就是青霉素的发明者亚历山大·弗莱明。

那名被救的男孩后来也长大了，在"二战"中不幸患上了严重的肺炎，但幸运的是，依靠青霉素，他痊愈了，这名男孩就是英国首相丘吉尔。

人一定要心存善念，冥冥之中或许就会收获福报。作为领导者一定要有助人为乐的精神，愿意为别人付出，才能让自己收获更大的福报。

（二）使命二：交给

高管的第二大使命——交给。要弄明白"交给"的含义，我们要先搞清楚以下三个问题。

第一个问题：我们来公司就职，想获得什么？

想获得财富、发展、荣誉、地位、成长、幸福、成功、快乐、理想，等等，这些都是我们来公司就职希望获得和拥有的东西，也就是说，我们来公司就职是有目的性的。

第二个问题：我们有什么？

追求美好的事物，是每个人的权利，但这需要付出，需要交换。比如，我们想要成为领导者，我们只有通过自己的努力，提升各方面的能力，才有机会实现，即我们需要通过自己的价值去交换想要拥有的东西。

倘若现在我们还没有能力获得想要的东西，我们就应该好好思考，自己现在有什么，与目标还差多远，只有对自己有一个清楚的认知，才能找到努力的方向。

第三个问题：谁能帮助我实现目标和梦想？

实现自己的目标和梦想，一方面需要自己的努力，另一方面也需要公司的帮助。如果公司没有给我们机会，或者我们很不幸，未找到一个适合自己发展的平台，就像巧妇难为无米之炊一样，目标与梦想怎么实现呢？

因此，我们只有对公司心存感恩，将自己的才华贡献给公司，让公司领导知道自己的能力，我们才能获得自己想要的地位、财富和理想等。

共赢领导力
——带团队、出成果、上下同心的实战领导力

当然，从领导者的角度来讲，公司要发展，也离不开全体员工的努力和贡献，大家是彼此成就的关系，应该同舟共济，为了共同的理想和目标齐心协力。事实上，有些人却将自己与公司对立起来，经常抱怨公司，或者偷奸耍滑。

某公司因为销售部业绩不佳，主任被调到了后勤部，新上任的主任还没有到岗，办公室里群龙无首，乱成一锅粥，要么干私活，要么喝茶聊天，丝毫没有工作的状态。

前两天，公司来了一个年轻的小伙子叫阿伟。早就听说要充实销售部的力量，没想到来了这么一个年轻的人，不会是刚毕业的大学生吧？大家根本没将这个叫阿伟的年轻人放在眼里，都充当起了"资深员工"的角色，对阿伟进行了一番谆谆教诲，以便他能迅速融入这个新集体。

"领导喜欢看见大家忙忙碌碌的样子，你要学会投其所好。"张姐点拨道，"你要是到别的部门去串岗，一定要带一个资料夹；想在上班时间与女朋友约会，一定要告诉领导去见客户了。"

"张姐说得对，我再补充一下。"杨哥及时补充道，"你上班来的第一件事就是打开电脑，不管有没有事可做，都要从上班开到下班，如果领导查岗，你点点鼠标就可以了，装作一副很忙碌的样子。"阿伟一边听一边点头，感谢大家的指点。

临近下班的时候,领导召开部门会议,指着身边的阿伟冷着脸说道:"这就是销售部的新主任,你们所传授的办公室宝典,我全知道了,难怪你们销售部效益上不去,从今天开始,谁再想着法子糊弄我和阿伟,立马辞退,卷铺盖回家去!"

不少公司都存在这样的员工。员工之所以有这样的表现,是因为他们的思想觉悟低,不理解自己不付出、不交给,就不可能获得自己想要的财富、荣誉和地位。那么,作为企业高管,有没有糊弄公司的情况呢?一定也有,或许还会比一般的员工表现得更"高明"和隐蔽,只是难以被公司察觉而已。

俗话说,"路遥知马力,日久见人心"。长此以往,偷奸耍滑的高管早晚会露出狐狸尾巴,一定会被辞退。且不说这样的高管能力如何,起码思想觉悟就不及格,还能奢望他有什么大的作为吗?

如果说家庭赋予了我们生命,那么,企业则会让我们的生命更加有质量。企业可以帮助我们实现人生价值,可以说企业是让我们的生命得到升华的第二个家。而我们需要做什么呢?我们需要把自己交给企业,全身心地投入企业的事业中,为这个家有更美好的未来而付出、奋斗。

王进喜,是新中国第一批石油钻探工人,全国著名的劳动模范。1960年,他率队到大庆参加石油大会战,发扬"为国分忧,为民族正气"的爱国精神，为结束"洋油"时代顽强拼搏。他组织职工用"人拉肩扛"的方式搬运和安装钻机，连续奋战了三天三夜才把井架在荒原上。

打第一口井时，为解决供水不足的难题，王进喜带领工人破冰取水。打第二口井时，突然发生了井喷，那时候没有压井用的重晶石粉，王进喜决定用水泥代替。没有搅拌机，他顾不得腿上有伤，第一个跳进泥浆池里，用身体进行搅拌。经过全队工人的努力，终于制服了井喷。

我们要爱企业如爱家，发扬主人翁精神，与企业荣辱与共，共同发展，在平凡的岗位上辛勤工作，绽放出属于自己的光彩。

二、是什么阻碍了"交给"

高管的第二个使命是"交给"，但是，很多人却做不到，这是因为他们对公司、对老板心存疑虑，不足够信任，担心将自己托付给老板和企业，无法得到一个好的结果。

的确，我们可能会所托非人。但同时我们也必须认识到一点：当我们对公司、对老板充满不信任的时候，一定会得到一个很糟的

第四章 共赢领导力需要有使命

结果，这比所托非人的概率要高得多。

作为一名企业高管，如果我们不信任公司，不信任老板，会全心全意地为公司效力、贡献自己的力量吗？显然不会。不仅如此，我们也很难与公司一起进步、一同成长，这就像我们拜师学艺一样，如果看不起所拜的老师，不认为这个老师有真才实学，会一心一意、认认真真地和老师学本领吗？

俗话说："师傅领进门，修行在个人。"这不仅要求学生勤奋、努力，还包括学生对老师的信任度，唯有对老师百分之百地信任，才会踏踏实实地求学。其实，老师与学生是相辅相成的关系。当学生信任老师，认真地向老师求教时，老师就会十分器重学生，会将自己的知识全部传授给学生。试想一下，如果学生不认真，对老师心存疑虑，老师会认真对待这样的学生吗？

在职场中，有一些高管经常跳槽，其根源就是对公司、对老板不够信任，朝三暮四，这样的员工很难得到老板的器重。不轻易跳槽、能干的员工到任何一个公司都是备受欢迎的。

有些高管爱跳槽，源于这样一种认知——有本事的人才爱跳槽，因为人往高处走，没有本事的人才趴窝。真是如此吗？仔细想一想，中国最有能力、最优秀的人往往是"不易跳槽"的人，比如，以赵杰、鲁勇为代表的"华为人"，以及以周年茂、霍建宁为代表的"长和系"等。

提及格力，人们都会想到那个能干的女强人董明珠，她从基层销售员做起，一步步走上总裁的位置，这与她出色的业务能力有关。她曾是格力的销售女王，一个人的业绩占到整个集团公司的三分之一，但这不足以让她成为企业总裁。格力因某种原因，导致公司三分之二的高管离职，但董明珠留了下来，因为她百分之百地相信公司，坚持和公司共渡难关，最终她收获了胜利的果实。

因此，只有对公司坚定相信的高管，才能得到公司和老板的器重，获得更大的发展。

三、高管的隐形工作：托起

高管与企业的关系就如同鱼和水，鱼儿需要有水才能生存，高管只有在企业中才能获得成就感和价值感。如果有一天企业都不复存在了，高管的未来从何谈起呢？因此，高管有一项十分重要的隐形工作——托起。托起谁呢？当然是企业带头人。原因有以下两点。

（1）企业带头人能带领团队走向成功。

一个企业要想取得更大的成功，必须要有一个优秀的带头人，华为有任正非，格力有董明珠，海尔有张瑞敏，他们就像一个狼群中的头狼一样，有着其他人所不具备的非凡能力。

狼不是世界上最高级的动物，但它们是最优秀的物种，也是最具牺牲精神的动物。它们为了团队的利益，可以毫不犹豫地牺牲自我，去换取狼群的利益，哪怕是付出生命也在所不惜。尤其是头狼，它们肩负很多重任，因为它们有着卓越的能力。

首先，头狼有强者的心理素质。头狼并非天生的，要想在狼群中脱颖而出，必须要有勇气，历经无数次的磨炼，锻炼出强者的心理素质，才能具有高瞻远瞩的眼光、机智敏锐的头脑和坚韧不拔的精神，才能引领狼群。

那些知名公司的创始人，都和头狼一样，历经过多次失败，咬牙坚持，才有了今天的成绩。华为的创始人任正非在南油集团工作期间，被骗了200万元，那时人们一个月的工资只有100多元，他被南油集团开除，丢掉了工作，在面对上有老下有小的家庭困境下，他在43岁的年纪被迫创业。

1987年，任正非东拼西凑筹集了2.1万元，成立了华为公司。为了自主研发交换机，他和员工吃住在厂房里，没日没夜地拼命工作，累了就睡在泡沫板加个床垫的床上，坚持了好几个月，才做出了合格产品。当时华为已经没有资金了，完全靠硬撑，若再生产不出产品，公司就要面临倒闭。

在研发出新产品之后，任正非又开始研发第二款产品，结果失败了。由于公司没有资金了，任正非被迫借了高利贷，他对下属说："如果这次研发失败了，我只有从楼上跳下去，你们可以另谋出路。"最终，华为挺过了这次危机。

所以说，企业带头人所承受的压力不是一般人能够承受的，他们身上具备的强者的心理素质，也不是常人所能企及的。

其次，头狼有野心，不达目的不罢休。在头狼的眼里，没有捕捉不到的猎物，没有实现不了的目标。哪怕环境再恶劣，它们也不会放弃。这种紧盯目标不放、不达目的不罢休的精神，正是老板必须具备的品质。

在激烈的市场竞争中，没有野心、安于现状，就很容易被打败。因此，企业带头人都是有野心的人，他会带领团队去实现一个又一个高不可攀的目标，让企业不断壮大。

（2）企业带头人是头，高管是脖子，托起头是脖子的职责。

曾在网络上看到一张狼群的图片，在冬日的严寒里，一群狼在厚厚的积雪中缓慢前行，走在狼群最前面的是头狼，它努力地开路，其他的狼跟在后面。有头狼在前面开路，跟在后面的狼走得十分轻松。

在这张图的下面还配上了这样一句话:"在你觉得疲惫、委屈甚至想放弃的时候,想一想走在前面的那匹头狼。"

企业带头人不就是走在雪地里为我们开路的头狼吗?如果把企业比作人的话,那么,带头人就是头,高管是脖子,中层干部就是五脏六腑,基层员工就是四肢。"头"的作用就是思考,为企业的发展制订战略规划;"脖子"的作用就是托起头,连接起五脏六腑。

倘若脖子不给力,头就会供血不足,也就是说,如果高管不给力,工作效率就会降低,带头人做再好的战略决策都无法执行下去,企业就有可能陷入半瘫痪的状态。因此,作为"脖子"的高管必须托起老板,这是职责所在。

总之,企业高管要记住:只有企业成功了,自己才能成功。试想一下,如果你对别人说自己是华为的高管,是格力的高管,别人是不是对你刮目相看呢?只有在企业光环的照耀下,自己才能熠熠生辉。

那么,高管该如何托起企业带头人呢?首先,高管要做好本职工作,勤勤恳恳,认真工作,将自己交给企业,把企业的事情当成自己的事情,绝不能偷奸耍滑,不能做"身在曹营心在汉"的事情,这样才能对得起公司。

其次,高管要时刻记得企业的好,无论何时何地,都要多宣传企业的优势。尤其是新员工，要让他们了解创业的艰难，跟随企业带头人一起努力，提高企业的凝聚力，共创伟业。

四、"托起"的必备素质：承担

高管要托起企业带头人，必须要做好两件事：第一件事是承担责任，这点很容易理解；第二件事是承受委屈。在这一节，我们主要讨论第二件事。

高管为什么要承受委屈？可能很多人不理解。其实不管是在职场还是在生活中，我们每个人都要承受很多委屈，一个人越成功，所承受的委屈就越多。曾国藩说过："和可消人怨，忍足退灾星。"这句话的意思是说，"和"可以消除人与人之间的怨恨，"忍"则能消除命运中的灾难和不幸。

那么，该"忍"什么呢？当然是委屈，可能有人会提出疑问：一忍再忍，总是自己打掉牙往肚子里吞，岂不是窝囊的表现？需要强调的是，"委屈"分为两种，一种是有价值的委屈，另一种是无价值的委屈。

高管所要承受的是有价值的委屈。什么是有价值的委屈呢？我

第四章 共赢领导力需要有使命

们先来看个小故事。

张总监所在的公司来了一名90后新员工。前不久，张总监带领这名90后新员工共同完成一项工作，因这位90后新员工在工作中犯了一个低级错误，导致工作没有做好。公司董事长狠狠地批评了张总监，还在周会上进行了通报。

张总监所在部门的员工都为张总监打抱不平，认为张总监不应该顶这个雷，错误不是张总监犯的，为什么只批评张总监一个人，那名90后新员工却毫发无伤呢？其实，张总监也曾感到委屈，但想想自己身为领导，理所当然应该为下属的错误承担责任，所以，他就没有找董事长理论，而是默默地承受了下来。

这就是有价值的委屈。身为管理者，要能够识大体、顾大局、有格局，能够为了团队、部门的整体利益受得了个人的委屈。

在职场中，遇到点挫折和委屈就哭哭啼啼，向领导抱怨、撒娇求安慰的主管，哪个公司会委以重任呢？能够挑起重担的高管都受得了委屈，有着坚韧的性格。

小林曾在一家饮料公司担任销售总监，上任后不久，就被诬陷业绩作假，被调到一个业绩平庸的辅助部门。换作别人，肯定一气之下辞职了，可小林不仅没有辞职，还精神饱满地去了辅助部门工作。

其实，小林在得知被调到辅助部门后，一个人躲在卫生间里哭了很久，也想过跑到领导的办公室大闹一番，或者将诬陷他的人痛骂一顿，然后一走了之。但最终他决定打掉牙往肚子里吞，他要凭借自己的努力，做出让人刮目相看的成绩。

一年后，小林工作做得风生水起，线上销售开始发力，公司将他重新调回了销售总监的位置，并委以重任。

"天将降大任于斯人也，必先苦其心志，劳其筋骨，饿其体肤，空乏其身，行拂乱其所为，所以动心忍性，曾益其所不能。"有价值的委屈是什么呢？是磨炼，是砥砺，是增进能力。受得了委屈，意味着能够承受压力，能够承担更大的责任重担。这是高管成长的必备素质。

五、企业带头人也要有使命

优秀的高管应该支持带头人，要奉献自己的精力和才能，要为企业排忧解难，要为企业发展尽心尽力。

那么，企业带头人需要做些什么呢？须知，作用力都是相互的。作为企业的最高领导者和决策者，带头人也要承担起自己的责任和使命。企业带头人的使命具体有以下三个。

第四章 共赢领导力需要有使命

使命一：成就伙伴

员工不叫"员工"，叫作"伙伴"；企业与员工之间不是劳资关系、雇用关系，而是有情有义、想共同做出成就和事业的"一伙人"。没有这"一伙人"，一切都不存在。

企业创始人发起一项事业、成立一家公司，是为了什么？只是为了实现自己的人生追求和财富利益吗？如果是这样，那么这个企业创始人显然是自私自利的一个人。

对于一个自私自利、没有爱心的人，请问，有谁会愿意追随呢？显然是没有的。这样的企业带头人即使有下属，下属也必定是"离心离德""暂时依附"。

这样的企业带头人没有领导力，事业终将会是失败；这样的人没有道德心，人生终将是悲大于喜。

企业带头人必须要有使命，第一大使命就是成就伙伴，成就一个个追随自己的、甘心付出辛劳的伙伴。因为正是这一个个伙伴，成就了自己、成就了组织，打造出了事业。

如何成就伙伴？方法有二。

第一种，给予收益。

需要层次理论告诉我们，人往往会首先追求满足较低层级的需要，其次才会追求更高层次的满足。金钱和财富就是人的基本追求，保障着一个人、一个家庭的生活，没了金钱收益或金钱收益较低，是很难去奢谈事业、使命、愿景的。企业带头人要成就伙伴，首先就要有"舍得心"，不要"画大饼"；其次要舍得给利益、给真金白银，而且愿意多给。"大家（员工）买房子的时候，客厅可以小一点，卧室也可以小一点，但阳台一定要大，还要买一个大耙子，天气好的时候，别忘了在阳台上晒钱。"任正非如是说。

第二种，给予发展。

哪些发展呢？能力上的提高、职位上的晋升和平台机会的给予。金钱财富是人较低层次的需求，是必需的，但不是最核心的需求。核心的需求是发展。发展可以带来地位、财富和荣耀，可以实现作为人的价值追求和人生意义，发展才是伙伴们最为关心的需求。企业带头人要抬高用人的格局和维度，要致力于人才发展，真真切切提高伙伴们的职业能力，给他们"责、权、利"，给他们施展才华的平台机会，让他们成就自己、成就事业。给予伙伴们发展的机会，等同于给了伙伴们辉煌的人生，企业带头人需要将其作为重大使命践行。

使命二：成就客户

管理学大师彼得·德鲁克认为：企业存在的目的就是"创造顾客"。客户是企业的"天"，企业能否存在、能否发展是由客户及其需求、偏好决定的。当然，企业带头人不能站在纯粹的商业角度考虑问题，还要站在企业文化的角度来做出价值判断。商业的考量需要企业用心服务好客户，而企业的使命、愿景、价值观则会导向"成就客户"。

平凡的企业只是在追求利润，而卓越的企业是在追求利润之上的意义，即为客户群、为某个行业，甚至是为社会提供相应的价值，履行"人本主义"的责任。这样的企业就是在"成就客户"，老板要做到"成就客户"。

具体来说，怎么做可以成就客户呢？中恩教育认为，要做到以下三点。

其一，以匠心精神做好产品，满足其需求。客户要的是产品，更为准确地说，是产品所给予的价值。客户因为有了需求，然后会去购买能够满足需求的产品，这是商业的最基本逻辑。因此，成就客户首要就是提供好产品。提供好产品，必须要有匠心精神，用极度认真、极度负责的态度和工作状态设计、制造产品，保证产品的品质、性能，要能够满足客户的需求。要在合理价格的前提下，为客户提供实实在在的高性能产品，这是成就客户的第一要义。企业带头人需要做什么呢？需要在企业里建立起这样的"匠心"文化氛围，建立起客户导向的产品研发、制造、销售价值链和运营模式、管理机制,要组织全员来做出好产品。

其二,以利他精神做好商业,保证公平。提供好的产品是商业的基本行为,在整个商业过程中更要遵循应有的道德精神,即"利他"精神。所谓"利他",就是公平交易,价格公道,产品的数量和品质有保证。切忌做违反商业道德的事情,如缺斤短两、以次充好、虚假欺骗等。作为企业带头人,必须要有此"利他"精神,要用良心和善意对待生意往来,对待每一位购买公司产品的客户,让客户切身感受到"物有所值""公道公平"。

其三,以使命做好事业,创造社会福祉。"好产品""公平交易"就是成就客户,但若想成为卓越的企业老板,不能停留在这一层面,还要建立起企业的使命,以使命作为企业经营的文化纲领。什么是使命呢?通俗地说,就是企业"为了什么"而存在。企业作为社会的一分子,其存在的终极责任和意义是什么,就要把这个终极责任和意义作为成就客户、服务社会的最高纲领。卓越的企业家应该如此,不只停留在产品和商业层面,而要为社会创造福祉。

使命三:做好企业

做好企业,这是企业带头人的本分。如何做好企业?要抓住"牛鼻子",即抓好人才和团队。如何抓好人才和团队呢?主要有以下两种方法。

（1）培养人才、复制干部，为企业发展提供源源不断的动力。

人才是企业的第一竞争资源。企业有多少人才，就会有多少业绩；有多少优秀人才，就会创造多少高业绩。人才是根本生产力。

一方面，培养人才、打造人才生产线是企业带头人必须亲自承担的责任和使命。企业带头人要成为企业的第一人力资源官，要在识别人才、选拔人才、培养人才、打造人才复制体系方面付出更多的精力和心血，要把人才工作作为战略性工作来对待。

另一方面，一家企业有了完善的人才培养体系，也是对员工非常好的福利和激励。没有一位管理者不想晋升，没有几个员工不想成为管理者，职务晋升、薪酬提升是他们的核心追求。搭建培训和培养体系，既是在支撑公司发展，也是在为员工谋幸福。

（2）和高管一起，打造高绩效团队。

做好企业、发展事业，从来不是一个人的事，是一群人的事情。只有打造出高凝聚力、向心力和战斗力的团队，企业才算是拥有了驰骋商场的资本和筹码。

打造高绩效团队，这也是企业带头人必须亲自承担的责任和使命。企业带头人除了要提升自己的领导力、影响力外，还要提高战略规划能力、决策能力、组织协调能力、识人用人能力，以及有坚定的意志和韧性。企业带头人是一家企业最宝贵的财富，也是承担

| 共赢领导力 |
——带团队、出成果、上下同心的实战领导力

最多、要求最高的人。

但企业带头人不是一个人来打造团队，而是要与高管共同努力来完成这一使命。高管要有大格局，时刻与企业带头人站在一起，与企业带头人并肩作战，风雨同舟，同舟共济；团结员工，使大家拧成一股绳，在公司遇到困难时，能够挺身而出，努力为公司贡献力量。而企业带头人要有"利他"精神，要能够尊重、赏识自己的团队，赞扬、激励他们的成就，包容、宽恕他们的无意过错，要用善意和发展的眼光对待高管，处理人际关系，既要能够影响、塑造他人，还要接纳和适应他人。

企业带头人和高管，应该是一个立场、一条战线，共同协作、相辅相成。我们说"共赢领导力"，就是企业带头人和高管的共赢，高管和团队的共赢，致力于实现整个组织的共赢和发展。

> **本章小结：**
>
> ◎高管的"两大使命"：成就他人、交给
>
> ◎高管的隐形工作：托起企业带头人
>
> ◎高管必备素质：承担责任、承受委屈
>
> ◎企业带头人的使命：成就伙伴、成就客户、做好企业

第五章
优秀高管的素养

职业素养是职场人生存与发展的基石。高管必须具备优秀的职业素养。良好的职业素养可以让高管清晰自己的定位,从而能够与组织、与上司、与员工建立共生共赢的关系。

一、高管的本质：发现与解决问题

一家大型电商公司正在召开战略会议，这家电商公司的创始人詹总信心满满地宣布："公司将投入巨资，建立物流配送体系，这意味着公司会在相当长的一段时期内负债经营，无法盈利。"

詹总话音刚落，一名高管立马站起来反对，他认为作为互联网公司，不应该做自建物流这样的重资产。他的反对得到了不少参会人员的赞同，甚至有人觉得詹总这样做就是飞蛾扑火。

等到这位高管讲完后，詹总斩钉截铁地说道："自建物流配送体系是我的决定，今天只是通知大家，并不是和大家商量。"

然后，他又对那位高管说道："我请你来，不是让你证明我的决策是错的，而是让你帮助我把决策执行到位。若有困难，你要想办法完成，这才是你的职责。"半个月后，公司再召集员工开会时，那位高管的位置已经替换成其他人了。

看完上面这个故事，可能很多人都觉得詹总做得不对，就因为下属提了否定建议就该被辞退吗？其实问题的根源不在这里，根源在于这位高管只提出了否定意见，却没有提出解决问题的方案。否定一件事，谁都能做到，但否定的同时，你是否能提供更好的替代方案？所以，高管的本质是什么？就是发现与解决问题。

以一名销售总监为例，他是通过为公司创造成果来获得公司为他提供的高薪，如果销售总监这个月的销售业绩为零，是不是工资就应该为零呢？一般公司还是会为销售总监支付基本工资，通常薪酬由底薪和提成两部分组成。为什么产品卖不出去，公司还提供底薪呢？这是因为产品还不够完美，没有知名度。

假设公司的产品很好、很完美，有知名度，还有影响力，甚至品质比同类产品高出一大截，即使不去推销，顾客也会排起长长的队伍，疯狂地抢购。如果这样，公司还需要很多销售员吗？当然不需要，这就意味着公司的销售员要失业了。

公司高管的职责就是发现与解决问题，同时一定要明白，公司提供高额报酬和好的福利待遇，是让你来为公司解决问题、排忧解难的，如果不能解决问题，就一定会被公司调岗，甚至解雇。

经常听到一些有学历、有文化的高管抱怨公司没有知名度，产品没有影响力，总是试图说服老板拿出几千万元打广告。老板说公司实力不够雄厚，没有钱打广告。这些高管又说公司平台不够大。那么，你是否想过这样一个问题：既然所在公司规模小，实力不够雄厚,不如其他大公司,你为什么不选择去其他公司呢?

一方面是其他公司不会聘用你,另一方面是你的能力不行。公司董事长最忌讳的员工类型是:一边拿着公司的工资,一边私下说着公司的不好。真可谓"吃别人家的饭,还砸人家的锅",这样的员工到哪里都不会受欢迎,因为你这样做不仅仅是在出卖公司,也是在出卖自己的灵魂。

在同行当中,的确会有比我们所在的公司规模大、品牌响、知名度高的公司,而且越是知名度高、实力雄厚的公司,他们的产品就越好卖,但是,越是好卖的产品,提成越低。比如,一个宝马或者奔驰的销售员与一个没有知名度的自主品牌汽车的销售员,他们同时销售一台价格相同的汽车,谁的提成会更高呢?显然是后者。

关羽和诸葛亮相比,哪个人对蜀国的贡献更大呢?二者缺一不可,都是刘备的左膀右臂,只是扮演的角色不同。刘备确定争霸天下的宏伟目标,军师诸葛亮需要辅佐刘备,发现在实现宏伟目标过程中的问题,并提出解决方案,为刘备称霸天下扫清障碍。关羽则是一个执行者,他的职责是按照诸葛亮制定的计策,负责具体实施。

在一个公司中,董事长就好比刘备,高管就好比诸葛亮,即辅佐董事长的人。如果高管只会挑毛病,却不会解决问题,把问题丢给董事长,这显然是不称职的,当然,也没有哪个公司会让这种人来当高管。所以说，发现和解决问题才是领导职责所在。

既然对高管而言，发现问题和解决问题是一种非常重要的能力，那么，我们该如何提高自己发现问题和解决问题的能力呢？大致有以下三种方法。

第一，领导干部要有解决问题的意愿。在工作中遇到问题，不要回避或者不予理会，而要将其看作自己不可推卸的责任，主动承担起来。

第二，及时发现问题、研究问题。有了解决问题的意愿，才能发现问题。领导者只有积极、认真地听取下属的意见反馈，分析问题产生的主客观因素，才会对问题的严重性和紧迫性等做出预判。

第三，及时解决问题。一般来说，员工在工作中遇到的问题主要有两种：一种是在工作过程中遇到的实际困难，需要领导者从专业的角度来帮助员工解决，让员工对工作充满信心；还有一种是因为公司政策、制度等导致的问题，需要领导者从中协调或处理。

除了要解决员工的问题外，领导者自身的工作也会出现困难，比如，受疫情影响，公司的线下销售业绩受到严重影响，如何解决这个问题等。解决问题的能力是在实践中不断提高的，虽然不能在短时间内提高解决问题的能力，但一定要积极主动地行动起来。只要有解决问题的积极心态，积极主动地去发现问题和解决问题，才能得到员工的信任和尊重,而这往往也是老板最欣赏的地方。

二、高管的两大特质

高管领导别人的过程,其实就是修炼和完善自我的过程,无论何时,真实和坚定都是高管必不可少的两大特质。下面我们简单说说这两种特质。

第一种,真实。

无论是我们自己,还是我们的上级,抑或是下属,都喜欢真实的人。那么,何谓真实?简单地说就是讲真话、做实事、真正爱。

讲真话表现在两个方面:一方面说话要实事求是,有一说一,不虚假、不隐瞒、不欺骗;另一方面要对自己说过的话负责,"言必行,行必果",不管出于什么原因,当高管失信于下属时,领导力都会打折扣。

做实事,是指高管要避免浮夸,要有实干精神,踏踏实实做事,老老实实做人,干好本职工作,领导和帮助下属,提高员工的工作能力。对外要时刻维护公司的形象,以公司的利益为主,不能为了自己的利益,损害他人和公司的利益。

真正爱，是指高管要爱自己的工作、同事、员工、领导，以及公司，要像对待家人一样，对待他们。"赠人玫瑰，手有余香"，只有真正去爱，才能得到别人的爱。

在我的公司，我们有这样一种文化——开诚布公，去伪存真，推心置腹。公司为了传承这种文化，会定期举办裸心会，给领导和员工们创造坦诚相见的机会，大家可以撕掉职场的伪装，在泡温泉或者推杯换盏这样的放松环境中，尽情地敞开心扉，畅所欲言，不需要华丽的语言，唯有真实最能打动人。

第二种，坚定。

何谓"定"，这个字本义是平静、安定的意思，万事不成皆因不定，心定命定乾坤定。老板"定"下来，企业自然成长，无须担心发展；员工"定"下来，职位自然晋升，无须烦恼前途。人生一定，事业皆成。

坚定就是力量，就是影响力。二十多年前，章子怡在张艺谋的推荐下，参演了李安导演的《卧虎藏龙》。起初，李安导演并不看好章子怡，在拍摄的过程中，章子怡付出了很多努力，即使指甲盖被打掉，也要把手指插入雪里，继续拍摄。尽管如此，章子怡都没有得到李安导演一个肯定的拥抱。但章子怡不服气，坚定自己的信念，努力做好每一个动作，演好每一个表情，直到《卧虎藏龙》杀青，章子怡终于赢得了李安导演一个肯定的拥抱。就像章子怡说的那样："我会用整个生命对这个角色负责。"这就是"定"的力量与影响力。

那么，高管如何做到坚定呢？

首先，定心，定而有心。

你听说过"相信定律"吗？任何人想做成一件事之前，都必须要有坚定的信念，而信念的源头就是相信。当你对某件事抱着百分之一万的信心时，它最后就会变成现实。高管在工作中遇到困难是常事，想一想那些没有做成的事情，是因为我们的能力不够、条件不允许，还是从一开始我们的信念就不够坚定呢？

其次，定力，定而有力。

没有定力，方向就会大乱。今天觉得当作家有名声，明天认为从政有地位，过两天又认为做生意有前途……

人生是条单行线，容不得我们将宝贵的年华浪费在摇摆不定的选择上。唯有正视自己的实力，认真选择一条最适合自己的发展道路，历艰险而不动摇，有所成而不自满，一鼓作气、矢志不渝，才是有定力的人，才会有大作为。

身为高管，要有自我控制和克制诱惑的能力。在某公司的创业早期，公司只有五个人，其中一位是实习生。实习生坚持不下去要离开公司，公司创始人苦苦挽留，最后承诺给他5%的股份，但该实习生还是毅然决然地离职了。四年后，这家公司在美国上市，如果当时这个实习生留下来，拿了5%的股份，今天就会是1.5亿美金身价的富豪。公司在不同阶段会遇到不同的困难，他却在困难的时候因为遇到了诱惑而离开。没有定力，就不会有收获。

最后，定位，定而有位。

定位不当，终身流浪。工作没动力是因为没有定心，工作没能力是因为没定力，工作没未来是因为没有定位。

杨某曾在一家企业担任副总，受市场影响，这家企业的效益严重下滑，杨某选择离职。之后他先后换了三份工作，涉及不同的行业，每份工作都没有超过半年。如今他即将满35岁，却依然没有找准自己的定位，不知道自己该做什么。

杨某就是典型的稀里糊涂生活的人，他没有认真分析过自己，没有做好个人的职业规划。跳槽没有错，但跳槽一定要有目的、有选择地跳，频繁跳槽往往是不清楚自己前进的方向在哪里的表现。

因此，高管要对自己的职业规划有一个清晰的定位，定位清晰之后，要通过学习、培训来提高自己的能力，只有能力走在职位前面，待机会到来时，才能把握住。

三、优秀高管的"四大思维"之立场思维

这是一则有趣的小故事:两个老人在聊天,其中一个老人问道:"你儿子过得还好吧?"

"唉!别提了,我都替儿子委屈。"另一个老人唉声叹气地说道,"娶个懒媳妇,不做饭,不收拾屋子,不洗衣服,不带孩子,整天睡懒觉,连早饭都要我儿子给她端到床上去。"

"那你女儿还好吧?"

"她日子过得可舒坦了。"老人满脸笑容,"她丈夫可宠爱她了,什么都不让她干,不用洗衣服做饭,不用带孩子,就连早饭她老公都给她送到床上去吃。"

通过这个故事,我们可以看出,同一件事,所站的立场不同,人们的处事方式就不同。作为高管,一定要有自己的立场思维。在职场上,很多事情没有绝对的对与错,只是立场不同罢了。比如,一位员工迟到半分钟,按照公司的规定被罚了 200 元,站在员工的立场上,员工就会认为公司制度太死板,老板太小气,仅仅迟到半

分钟而已。那么，站在领导者的角度来说，这不是迟到多长时间的问题，而是不管迟到半分钟还是迟到 10 分钟，都要处罚，以维护公司规章制度的权威性。

领导者有坚定的立场，主要体现在以下四个方面。

（1）有损公司的话不说。

作为一名企业的领导干部，在公众场合，高管代表的是企业形象，一定要注意自己的一言一行，否则，就可能给企业抹黑。

一家生产智能手机的科技创新公司高管，在自己的社交平台上发表了"藐视"90 后、00 后的言论，引发了网友们的不满，给公司造成了负面影响。随后，这家企业立马声明这是高管自己的观点和立场，完全不代表公司的观点和立场。紧接着这位高管也进行了道歉，再三声明是自己言论不当，与公司毫无关系，向公众诚挚道歉，并向公司提交了辞呈。

通过这个案例，领导者一定要深刻地认识到口无遮拦是多么严重的事情，特别是在公众场合，自己的一言一行代表的不仅是个人形象，还有公司的形象，一定要谨言慎行，坚决不能说有损公司的话。

（2）有损公司利益的事情不做。

把公司的利益放在第一位，不做有损公司利益的事情，这是每

共赢领导力
——带团队、出成果、上下同心的实战领导力

一位企业高管都必须要站稳的立场。可能有人会觉得我只是从企业这里获得收入,其他的事情我并不关心,真的是这样吗?

晋国的南面有两个小国:虞和虢。这两个国家山水相连,有共同的祖先,世代和睦相处。但虢国的国君狂妄自大,常在晋国的边界上闹事,晋献公便想攻打虢国,又担心虞国会出手帮助虢国。

于是,晋献公决定从长计议。首先,晋国给虢公送来了很多美女,虢公果然沉迷其中,整天花天酒地,不干正事。其次,就是要阻止虞国出手相助。晋献公派大夫荀息出使虞国,为虞国国君送上千里马和一双名贵的玉璧。虞国国君很贪心,见到这么贵重的礼物,眉开眼笑。

荀息见状提出要攻打虢国,希望虞国借道让他们过去。虞国大夫宫之奇立刻说道:"这绝对不行,虢、虞两国的关系就好比嘴唇和牙齿,俗话说'唇亡齿寒',如果虢国被灭了,虞国还能生存吗?"

但是虞国国君不听劝,同意了荀息提出的要求。后来,晋国先是灭掉了虢国,随后又灭掉了虞国。

事物之间有着千丝万缕的联系,往往相互依存,谁也离不开谁。企业就好比是一艘船,每个企业员工都是这艘船上的乘客,如果我们做了有损企业利益的事情,企业这条船就有可能破损,那

么,作为这条船上的乘客,他们的安全还能有保障吗?

所以说,做有损企业利益的事情,就是在危及自己的利益。作为企业的领导者,我们必须时刻牢记自己是企业的中坚力量,更应将自己的利益与企业的利益统一起来,与企业同舟共济、荣辱与共。

(3)明确公司的立场:公司利益最大化。

企业进行生产经营决策活动的根本目的就是实现利益的最大化,作为高管必须明确"公司利益最大化"是坚定不移的立场。

那么,作为高管该如何维护公司的这一立场呢?首要就是破除小团队主义、部门本位主义。小团队主义、本位主义指的是什么?就是利益分配时首先考虑的是本部门的利益,我的部门、我的团队成员能不能有更多的收益,甚至主动向公司领导申请权益。现实中有些分(子)公司的高层,往往想着如何从总部争取到更多的资金支持、资源支持,而不去考虑集团公司的战略规划、经营布局和资源分配,这样的高管,看似能获得团队的支持、团队成员的拥护,把本部门业绩做好,但实际上却损害了公司整体的利益。这样的高管格局不高,是缺乏作为高管的职业素养的。

其次,作为高管要从公司大局出发,要能够做到个人利益服从公司利益。当公司需要高管调任其他岗位或调用自己部门的人员时，若只是一味基于个人利益、部分利益反对，这都是自私的表现。

作为高管，怎么做才能为公司获得利益最大化呢？那就是个人利益服从组织利益，部门利益服从公司利益。

（4）组织立场要坚定。

有些中层管理者常常会有这样的困惑：做中层管理者多年，为什么无法进入高层呢？为什么有些能力不如自己的人，却能够进入公司的高层呢？一些中层管理者认为要想进入公司高层，一定要有能力。这种认知不完全正确，立场有时比能力更重要。

胡某在一家技术公司担任部门经理，掌握公司的核心技术。前不久，另外一家技术公司暗地里与胡某联系，希望胡某能够将他所在的技术公司的核心技术透露给他们，承诺给他高额的报酬，并表示如果胡某愿意，还可以到这家公司担任高管。

在金钱面前，胡某的立场动摇了，最后出卖了公司利益，但那家公司始终没有让胡某入职，因为那家公司的老板认为像胡某这种立场不坚定的人，招入公司，就是引狼入室，有一天他也会像今天一样，故技重施，损害公司利益。

因此，从公司的角度来说，高管的组织立场坚定，是他们非常看重的品质，甚至比能力更重要。

四、优秀高管的"四大思维"之平台思维

一些人之所以能成为高管,既与自己的努力分不开,也与平台提供的发展机会密切相关。因此,高管必须具有平台思维,因为如果没有平台,你就什么都不是。

大学生小马之前在某外贸公司的采购部任职,近段时间公司进行岗位调整,小马被安排到了行政部,收入大不如从前。之前在采购部任职时,他结识了一家供应商老板,两人私交不错,老板多次表示像小马这样的人才,要是去他的公司,最起码也得是副总的职位。

因小马对现在的收入不满意,萌生了退意,便打电话给那个供应商老板,希望能去对方公司任职,并委婉地表示不需要做副总,只要留一个差不多的职位给他即可。老板很客气,依然说自己很欣赏小马,但考虑到把小马挖过来,会给这家外贸公司留下不好的印象,此事还不能操之过急,需要从长计议。

又过了一段时间,小马再次给那个供应商老板发微信,对方没

共赢领导力
——带团队、出成果、上下同心的实战领导力

有了回应。小马很疑惑，对方的态度为什么变化这么大呢？他犹豫着要不要登门去拜访一下。

遇到这种情况，明智之举是不再打扰对方，因为对方根本就没有把小马放在眼里，之前说小马多么优秀，只不过是因为小马身处采购部，有利用价值，才说了一些恭维的话，现在小马早已经没有利用价值了，人家自然就不会回应。

这个小故事告诉我们，离开平台，我们就什么都不是。可能你会觉得小马只是一个刚毕业的大学生，能力还有待提高，自然会被人轻视。自己已经身为高管，就不会受到像小马这般待遇，真是如此吗？

美国做过一个非常有意思的社会试验。一名男子在地铁站用小提琴演奏巴赫的曲目，男子身边还放着一顶口子朝上的帽子，表示乞讨。在45分钟时间里，陆陆续续有2000人从该男子身边经过，只有60个人驻足听了片刻，约有20个人付了一些钱，这名男子总共收到了32美元。

这名男子名叫约夏·贝尔，是一位著名的美国小提琴家，他手中的那把小提琴价值350万美元，他演奏的是一首世界上最复杂的作品。要知道，就在两天前，约夏·贝尔曾在波士顿一家剧院演出，门票很快就售罄了，而聆听他演奏同样的曲目，门票价格得花

200美元。

为什么约夏·贝尔在剧院演奏和在路边演奏，会有如此大的差别呢？其中当然有很多原因，但有一点可以肯定的是，平台能够成就一个人。没有宏伟的音乐厅，没有星光灿烂的舞台，没有声势浩大的伴奏，未经经纪公司的宣传和推广，约夏·贝尔的演奏竟然变得如此廉价。

一个著名的音乐家尚且如此，何况我们只是一名普通高管。因此，作为高管，今天的职位不论多么高，成就多么大，都要明白是平台成就了自己，千万不要妄自尊大。不是有那么一句话吗？一个人20岁之前靠努力，25岁之前靠能力，30岁之前靠人脉，终身成功则要靠平台。一个人的成功与遇到一个好平台、赶上一个好机遇息息相关。

因此，高管必须有平台思维，必须深刻认识到平台对一个人的成长与发展起着至关重要的作用，因为只有充分认识到这一点，才会心存感恩，珍惜今日的工作机会，努力踏实地工作，否则很容易这山望着那山高，心浮气躁，忘乎所以。

有一位写微信公众号的高手，他写出过很多"10万+"的爆文，自认为天赋异禀，实力超群，于是向公司领导提出增加稿费，要在原来的基础上每篇稿费增加50%，因未与公司领导谈妥，一气之下,自立门户。可坚持了两个月就写不下去了,因为阅读量实在过于惨淡,每篇文章的阅读量都不过百。此时他才意识到过去是平台给了他光环,并不是自己本事大,十分后悔当初鲁莽的决定。

电视剧《乔家大院》中有一个人物叫孙茂才,曾是一个穷酸落魄的乞丐,后来投奔乔家,为乔家的生意立下了汗马功劳,是乔家的功臣,孙茂才就自负地认为乔家生意好,是自己的功劳。后来,因为私欲,他被乔家赶了出来,便想投奔乔家的对手钱家,钱家对孙茂才说:"不是你成就了乔家的生意,而是乔家的生意成就了你。"

在职场中,有多少"孙茂才式"的高管呢?他们常常拎不清自己的身价,错把平台的资源当成自己的本领,错把平台的成功归于自己的付出,直到离开后才明白,原来厉害的不是自己,而是平台。若是仗着平台的资源,你们有什么值得炫耀的呢?倘若有一天,离开了平台,身上还能剩下多少属于自己的东西呢?

因此,高管必须感恩平台,是平台给你提供了发展的空间,有了成就自己的机会。在刘备托孤之后,蜀国的实力一年不如一年,诸葛亮接受了千疮百孔的蜀国,困难重重,那么,是什么支撑诸葛亮继续为蜀国效力、死而后已的呢?是刘备三顾茅庐的知遇之恩。

诸葛亮的确有才华,但是智谋不输于诸葛亮的大有人在,比如庞统、司马懿等,但他们都没有诸葛亮幸运。刘备给了诸葛亮充分的权力,给了他施展才华的平台和机会,所以才成就了诸葛亮传奇的一生。

也许有人会说,平台若没有高管,岂不是不能发展?此话有道理,高管与平台是相辅相成的关系,高管通过努力工作,为平台创造了价值,成就了平台,平台壮大了,又反过来回报高管,让高管拥有更大的发展空间。

但是,我们必须要明确的一点是,一个人的力量是渺小的,仅靠个人是无法将平台发展壮大的,就像诸葛亮再有智谋,若没有赵云、关羽、张飞等武将,蜀国能发展壮大吗?显然不能。也就是说,相比于平台需要高管,其实高管更需要平台。

五、优秀高管的"四大思维"之能量思维

很多公司表面上风平浪静,实则暗流涌动。任何一个公司,传播最快的往往不是那些鼓舞人心、积极向上的消息和正能量,而是那些消极的人和事,即所谓的负能量。

张某入职一家新公司,担任部门总监,他领到工资后发现少了

| 共赢领导力 |
——带团队、出成果、上下同心的实战领导力

一百多元钱,这让他心里十分不爽,私下和同事说了这件事。随即整个公司的人都知道了,一些员工在私下小声议论:"连部门总监的工资都克扣,这公司也太黑了。""扣总监的工资都不在话下,我们员工的日子岂不是会更不好过?"

很快,一些公司的负面消息传到了董事长耳朵里,他找来张某,问他到底怎么回事,张某很气愤地讲了事情的来龙去脉。经财务核实,有一笔差旅费没有报销,因为公司有规定,一个季度申报一次。

原来是一场误会。张某感到很惭愧,董事长毫不留情地让财务将差旅费给张某结算清楚,让他走人。张某大呼冤枉,说这事不能完全怪自己,是公司事先没有说清楚。董事长质问道:"你有问题,可以随时找我反映,私下在公司传播负能量,这是一个部门一把手该做的事情吗?你的负能量会给团队、给公司带来多大的负面影响,你知道吗?"张某无言以对,灰溜溜地离开了。

身为公司高管,一定要有能量思维,身上要时刻焕发出正能量的光辉,才能带领出一个积极向上的团队,才能被公司欣赏和认可。就张某这件事来说,该如何处理呢?若发现工资有问题,应及时与财务部门沟通,而不是在私下发表不负责任的言论。

作为一名高管,必须要有能量思维,从自身做起,积极传播正

能量，抵制负能量。具体措施包括以下三个方面。

（1）关注正能量的事。

作为一名高管，要培养自己正能量的行为习惯，应从关注身边的事情做起，有意识地去关注那些正能量的事件，远离那些负面消息和事件。

经常关注负能量的事情，会改变人的心境和思维习惯，当遇到事情时，就会朝最坏的方向想，让人变得沮丧。就拿张某这件事来说，他为什么没有第一时间去找公司领导了解情况，而就认定是被公司克扣了呢？这或许与他悲观消极的心态有关，悲观消极的心态则与人的经历有关，如果一个人经常关注负面的事情，自然难以乐观起来。

（2）讲正能量的话。

有个别高管像祥林嫂一样，总喜欢抱怨，说一些消极的人和事，这对公司的杀伤力是非常大的。

一个月前，某公司遭到数名消费者投诉，声称产品质量有问题，该事件经过媒体报道后，事情愈演愈烈，导致公司的销售业绩直线下降，大大影响了员工们的工作积极性，有些员工甚至萌生了辞职的念头。

此时，正是需要高管为员工打气的时候，可一位姓严的高管却对员工们说:"公司现在正在公关,形势对我们非常不利,希望大家心里做好最坏的打算。"此话一出,员工们就认定公司这道坎儿是过不去了,引发了离职潮。

相反,另外一位高管对他的团队成员说:"请大家放心,公司正在积极想办法,遇到这样的事情也不完全是坏事,我相信我们的产品质量肯定没有问题,一旦相关检测机构证明我们的产品没有问题,这件事就变成了好事,相当于给我们公司打了一次免费的广告,我觉得咱们现在应该做好供货的准备。"听了高管的话,团队士气一下子就上来了,大家积极地投入工作中去。

由此可见,团队的士气是否高涨,与高管讲的话息息相关。因此,高管一定要养成积极讲话的习惯,哪怕是公司遇到了困难,在面对团队时,也不能说丧气话,这是高管必备的素质。

(3)交正能量的人。

"近朱者赤,近墨者黑。"与什么样的人交往,对一个人的影响是非常大的,这种影响是悄无声息的,很难让人察觉。

小黄原本是一个积极乐观的人,大学毕业后进入了一家企业,但是和他一起工作的同事大多是负能量的人,每天都会对小黄灌输负能量:"工作积极没啥用,又不能提干""干多干少一个样,大家都拿一样的工资"。

起初小黄并没有受到同事们的影响，仍然积极工作，并试图去改变同事们的看法，但是一年过去了，小黄不仅没有改变同事，反而被同事同化了。上班的时候，小黄会和同事一起吐槽工作安排不合理，工资为什么这么多年都不涨一涨，今天干活怎么逃避领导检查，等等。

与负能量的人相处，消极影响是巨大的，因此我们一定要与正能量的人为伍，才能让我们不同凡响。在公司中，谁是有正能量的人呢？当然是业绩最好的人，和他们在一起，不仅能学习到技能，还能从他们身上感受到积极向上的能量，被他们鼓舞，激励人奋发上进。

六、优秀高管的"四大思维"之价值思维

牛某和温某两人从同一所高校毕业，毕业后又一同进入一家科技公司工作，起初两人的工资并不高，每月只有4000元，温某一直觉得工资太低，有跳槽的打算；牛某则认为这家公司收入虽然算不上高，但发展空间很大，自己刚毕业应该先积累工作经验，提高工作技能，这才是最重要的。

半年后,温某跳槽到了一家新公司,每月的薪酬为 4500 元。牛某依然在原来的公司,因工作努力,被公司派往外地培训学习两个月,之后,牛某又考取了相关的技能证书,一年后,牛某的月薪涨到了 7000 元。

时间过得很快,一晃五年过去了,牛某依然在最初的那家公司就职,但他已经是公司的中层领导,年薪 25 万元;温某则先后跳槽了四五家公司,月薪一直在 4000~5000 元浮动。

牛某和温某起点相同,为什么五年后他们之间有那么大的差距呢?原因就在于他们的思维方式不同,温某一直在用价格思维衡量工作的好坏,一直想通过更换工作,找一家给自己更高工资的公司。

牛某则善于运用价值思维来看待问题,一方面他考虑所在的公司是否有较大的发展空间,是否能够给自己提供成长的机会,这比给他提供多少工资更重要;另一方面他通过努力,不断提升自己的价值。

作为一名企业高管,若把目光集中在价格上,就难免有些鼠目寸光了,只有不断提高自己的价值,才能获得更高的收入。通过前面的讲解,我们知道员工是通过付出自己的劳动成果来换取企业的报酬,高管的价值就体现在为公司解决问题上。当你能够为公司解决越来越多的问题时,你在公司的地位就是不可替代的,就如同市场上的稀缺产品,价值自然就高,获得的收入也会高。

那么,企业高管该如何提升自己的价值呢?应该从以下两个方面入手。

第一,调整好心态,因为心态决定思维,思维决定行动。

有些高管在取得一定的地位、较高的薪资待遇之后,就容易松懈下来。孟子说过,"生于忧患,死于安乐"。这个社会日新月异,要想成为优秀的人,就应该克服惰性心理,具备以下三种心态。

心态一:正确定位,清楚自己想要什么。

只有清楚自己想要什么,才会朝着想要的方向努力奔跑,成为自己想成为的样子。因此,我们必须要给自己树立一个清晰的目标,明确自己的定位。

比如,现在你的职位是部门总监,你希望在两年时间内进入公司的领导层,确定了这个目标之后,你就会去思考自己与这个目标还存在着哪些差距,需要从哪些方面努力,才能实现这个目标。有了目标的人,才会有活力和激情,促使自己更加进步。

心态二:保持空杯心态。

有这样一句俗语:"一瓶子不满,半瓶子晃荡。"意思是说,一个人有一定的能力，算不上顶尖人才，如果拎不清自己，把自己"半瓶水"的能力看成满瓶水，就会止步不前，不会继续努力求知了。

因此，人需要保持空杯心态，永远有求知的渴望，才不会停下学习的脚步。福特汽车的创办者亨利·福特说过："任何停止学习的人都已经进入老年，无论他是20岁还是80岁；坚持学习的人则永葆青春。"

作为一名高管，只有始终保持学习的习惯，才能提升自己的核心竞争力，才不会被市场所淘汰。

心态三：克服自己的恐惧心理。

人都有惰性，都喜欢留在舒适区，不愿意做有挑战的事情，这会让我们很难有效提升自己的能力。因此，我们必须克服害怕的心理，做一些自己不愿意、不擅长的事情，将这些事情当成自己成长的突破口，正视它，克服它，敢于尝试，我们才能成就更好的自己。

第二，提升职场价值的四大关键因素。

有了好心态，我们还应该明确从哪些方面来提升自身的职场价值。主要从以下四个因素着手。

因素一：丰富自己的知识结构。

对于多数职场人来说，要提升职场价值，就要从丰富自己的知识结构开始，丰富且强大的知识结构可以拓展我们的职场发展边界，为未来的发展提供更多的机会，推动岗位的升级。

不少财会人员大学毕业后，刚入职场月薪不过四五千元，在考过注册会计师之后，收入就能提升一大截，所以职场人一定认识到丰富知识结构的重要性。

因素二：资源整合的能力。

资源整合的能力是体现职场人价值的一个重要表现，资源整合能力越强的人，其价值越大。资源整合能力取决于岗位级别、个人业务能力等因素。提升资源整合能力，除了个人要付出努力之外，还应找到一个适合自己发展的行业与岗位，这两点都非常重要。

因素三：提高领导能力。

高管的价值在很大程度上取决于领导能力。提高领导能力，一方面需要加强学习培训，另一方面也需要经验的积累。一个人要想在职场上走得更远，提高领导能力是一个很好的途径，因为领导能力往往是衡量职场人职场价值的重要因素之一。

因素四：做出绩效结果。

企业要的是成果，而不是过程，职场人要明白一个道理：在职场只有功劳，没有苦劳一说，苦劳就等于"白劳"。不管你工作多么忙碌多么辛苦，如果没有效率，做不出业绩，一切辛苦都是白费，都是没有价值的。只有做出绩效结果，才是最大的价值体现。

除此之外，高管还需要具备高瞻远瞩的意识，关注社会和行业发展的趋势。我们经常听到一句话："站在风口上，猪都能飞起来。"只有与时俱进，善于把握趋势的人，才能抓住时代的红利，获得突破性的发展。

七、要避开"五大雷区"

职场有不少"雷区"，作为一名优秀的高管，不论何时何地，以下"五大雷区"千万不要踩，这有可能会毁掉你的职业生涯，葬送你的美好前程。

（1）不感恩。

不少高管在取得了一定成就后，就会犯一个错误，将公司所取得的成绩归功于自己，认为自己是公司的功臣，若没有自己，公司就不会有今天，公司应该感谢自己。事实真的如此吗？

一个人成功的轨迹大概分为两种：一种是偶然的成功，另一种

第五章 优秀高管的素养

是必然的成功。

甘罗,战国时期秦国名臣甘茂的孙子,自幼聪明过人,小小年纪就拜入秦国丞相吕不韦门下,任少庶子。甘罗12岁的时候,出使赵国,赵国国君赵悼襄王亲自到郊外来迎接甘罗,后来甘罗使用计策让秦国获得了几十座城池,甘罗因此获得了秦王政(即后来的秦始皇)的赏识,让他担任上卿一职,封赏他很多田地和房宅。

甘罗的成功就是偶然的成功,当然我们不否认甘罗有智慧、有胆识,12岁便出使赵国,提出让赵国给秦国几座城池的要求。但是这都是甘罗一个人的功劳吗?秦国比赵国强大很多,甘罗出使赵国,赵国国君亲自跑到郊外来迎接,这足以说明赵国对秦国是有忌惮的,即使来的不是甘罗,换作别人,赵国极有可能也会这么做。

与甘罗相比,蔺相如才是真正的大英雄。赵国有一个宝物叫和氏璧,秦王听说后,表示愿意用15座城池交换和氏璧。秦国十分强大,赵国哪敢不同意,可是用和氏璧去交换城池,又担心秦国说话不算数,到时候丢了和氏璧,也得不到城池。

蔺相如是赵国的大臣,他主动请缨去秦国交换和氏璧。蔺相如到了秦国,将和氏璧交给了秦王,可秦王却没有交换城池的意思,蔺相如便假意说和氏璧上有一个小瑕疵,要指给秦王看,借此拿到

共赢领导力
——带团队、出成果、上下同心的实战领导力

了和氏璧，并表示如果秦王不拿15座城池给赵国，他就和和氏璧一起撞向柱子，秦王只好妥协。

蔺相如又提出让秦王斋戒五日，再交换和氏璧，秦王没有办法只好答应。随后，蔺相如便派人偷偷地将和氏璧拿回了赵国，等到举行交换仪式时，蔺相如才把实情告诉了秦王，并承诺只要秦王拿出15座城池交与赵国，赵国一定将和氏璧送回，从而保全了和氏璧，让秦王的阴谋未能得逞。

蔺相如在面对秦王时，能据理力争，将生死置之度外，完全凭借自己的能力，让秦王屈服，这才是必然的成功，因为他身后没有强大的国家给他支持，这与甘罗的处境不同。

现在回过头来，想想自己，我们今天能成为高管，完全是凭借自己的努力吗？有没有公司领导的知遇之恩，有没有平台给我们提供的支持和帮助呢？大部分人都应该感谢平台，是平台给了我们成功的能量和机遇，而不是只靠我们自己。

因此高管一定要时刻保持清醒的头脑，要始终有一颗感恩之心，而不是归功于自己。一个不知道感恩的人，很容易自高自大，而自高自大就意味着他的路难以走远。

（2）小富即安。

小富即安是指一部分先富起来的人或企业刚刚取得一些成绩就

轻易满足、不思进取的思想。说得直白点就是取得了一点成就，就骄傲自满。

企业高管切忌有小富即安的思想，一旦有了这样的思想，就意味着停止了努力，开始产生惰性，那么，离真正的危险就不远了。在危机意识方面，华为的创始人任正非是值得我们学习的榜样。

任正非曾多次强调华为要时刻保持危机意识，"唯有惶者方能生存"是他的著名语录。他在《华为的冬天》一文中写道："十年来我天天思考的全是失败，对成功视而不见，也没有什么荣誉感、自豪感，而是危机感。也许是这样才存活了十年。我们大家要一起来想，怎样才能活下去，也许才能存活得久一些。"

在《千古兴亡多少事，一江春水向东流》一文中，任正非说了这样一段话："我们既要有信心，也不要盲目相信未来，历史的灾难，都是我们的前车之鉴……死亡是会到来的，这是历史规律，我们的责任是应不断延长我们的生命。"

高管要为企业不断创造高业绩、实现更高的目标，而"小富即安"是进步的天敌，是万万要不得的。

（3）抱怨。

企业花重金聘用高管，是为了让高管来解决问题，而不是听他们唠叨、抱怨，公司有哪些不好之处，产品有哪些缺陷，员工多么难以管理，等等。

解决问题是高管的职责，任何一个公司都不是十全十美的，这是高管存在的必要性。因为公司不完美，才需要高管来管理，一个只会抱怨的高管，终将被公司淘汰，不仅是因为他能力不行，还因为他会导致整个公司士气低落，这是任何一个公司都不能容忍的。

（4）不成长。

杨某与几个朋友共同出资成立了一家实业公司，目前已经成立八年。成立初期招聘了几个能力不是太突出的人，现在这些人都是公司的元老，有的在公司担任要职，但是随着公司的不断发展，有些人的能力甚至不如后来招聘的大学生。

有的元老认为自己资历老，在公司里占据着不可替代的位置。可前不久，公司在职位上重新进行了调整，将一些能力较低的元老撤了下来，这一举动激怒了这些老员工，他们认为公司这样做是卸磨杀驴。

杨某找到这些老员工，语重心长地说道："现在的公司已经是一艘航母，不再是过去的一叶扁舟，而你们还是过去那个船夫，怎么能驾驭得了这艘航母呢？再继续下去，公司就会没落了。"几个老员工默默地低下了头。

如果公司不断壮大，从一个只有几个人的小公司一步步地成为上市的大公司，而我们自己没有成长，就赶不上公司的发展速度，被淘汰便是情理之中的事情。高管绝不能有贪图安逸的思想，一定要时刻保持学习的激情，才能被公司委以重任，才能与公司共同进步。

（5）居功自傲。

有一个成语叫自伐无功，意思是说，自己夸耀自己的功劳，有功也变得无功了。自我邀功是令人讨厌的行为，如果居功自傲，那离祸端就真的不远了。

张某是一名销售经理，业绩十分突出，在一家公司干了近五年，这些年公司50%的业务都是他完成的，对公司有重大贡献。但时间长了，张某就开始居功自傲，自认为劳苦功高，别人不能把他怎么样。

不仅如此，张某对公司的一些规章制度也不遵守和执行，即使自己出了差错，也不会自我反省，反而挑别人的毛病。前不久，张某又向公司提出加工资的要求，未如愿后，竟然背着公司吃回扣，最终因为触犯法律，进了拘留所，正等待着下一步处理。

高管时刻要明白，自己在公司的角色是什么，不能居功自傲、目中无人，否则下场和结局并不美好，职业生涯也会葬送。

本章小结：

◎高管的本质：发现问题、解决问题

◎高管的"两大特质"：真实、坚定

◎优秀高管的"四大思维"：立场思维、平台思维、能量思维、价值思维

◎高管的"五大雷区"：不感恩、小富即安、抱怨、不成长、居功自傲

第六章
高管执行力

高管是团队的领导者,主要任务就是要带领团队实现高绩效、高目标。带领团队需要领导力,实现高绩效则需要执行力。

一、执行力不是学出来的，是干出来的

决定人与人之间差距的因素，是能力还是天赋呢？二者都不是。在回答这个问题之前，我们先来看一看《胡适的日记》，以下是《胡适日记》的部分内容。

7月4日

新开这本日记，也是为了督促自己下个学期多下些苦功。先要读完手边的莎士比亚的《亨利八世》。

……

7月13日

打牌。

7月14日

打牌。

7月15日

打牌。

7月16日

胡适之啊胡适之！你怎么能如此堕落！先前订下的学习计划你都忘了吗？子曰："吾日三省吾身。"不能再这样下去了！

7月17日

打牌。

看完《胡适日记》，你是不是忍俊不禁呢？可细想一下，这篇日记是多少人的真实写照呢？你我或许都是其中的一员。很多道理我们都懂，很多事情我们都知道该如何去做，但真正有多少人能踏踏实实地去做呢？拉开人与人之间距离的不是能力，也非天赋，而是执行力。

对个人而言，执行力是核心竞争力，更是拉开人与人之间距离的关键特质。对企业而言，执行力是重要的竞争力。没有强大的执行力，纵然有再好的战略都是空谈。

有一次，公司组织一次课程学习，在临近课程结束时，每个学习小组都要一起交流分享，有一个小组中的一位企业家在分享的时候说了这样一句话："老师讲的这些内容很好，不过这些内容我在三年前就知道了。"

当时，这个小组的其他成员都感到十分诧异，同时向他投去

| 共赢领导力 |
—— 带团队、出成果、上下同心的实战领导力

佩服的目光,大家心里暗暗地想:这么好的内容,他三年前就知道了,他的企业至少得做到上亿元规模了。可实际上他是这个组里营业额最少的一个,不足 2000 万元。为什么他懂得那么多,却没有将企业做得风生水起呢?因为他只是知道,却没有做到,从"知道"到"做到"还差着十万八千里。因此,我们不能在意自己知道多少,而要在意自己做了什么,做了多少。

通用电气集团 CEO 杰克·韦尔奇曾在 2011 年 9 月出席 GMC 总裁论坛,并展开上海、广州、香港三地巡讲,听他演讲的人中有很多中国一线的企业家,他们在听完韦尔奇的演讲之后,都有些诧异,因为他们觉得韦尔奇讲的这些话,都是他们熟知的内容,并没有什么稀奇之处,是不是韦尔奇没有把真正有价值的内容分享出来呢?

于是,有些企业家上台和韦尔奇交流的时候,就将自己的疑问提了出来。韦尔奇笑着回答:"你们知道了,但我们做到了。"这一句话令很多企业家汗颜,同时也值得人们去深思。如果做不到,知道又如何呢?有时候还会适得其反,知道得越多越做不到,越会成为我们的负担和障碍。

美国《财富周刊》上刊登过的一篇文章中写道:"70% 失败的

企业，原因不是在于战略制定的错误，而是糟糕的战略执行，有效的策划但得到有效的执行不到10%，72%的CEO认为执行战略比制定一个好的战略更难。"

多数情况下，并不是战略本身存在问题，而是没有很好地执行。《执行》的作者拉里·博西迪认为，大多数企业管理中会出现战略变形的情况，最终沦为只存在梦里的梦想，主要表现为制度上纸上谈兵，各项规章制度形同虚设，无法落实到位。计划不如变化快，工作总无法按照既定的计划完成，领导抱怨员工不努力，员工怪领导事多，于是再好的战略都在懒惰与推诿中毁于一旦。

"idea（主意、想法、概念、意见）是世界上最不值钱的东西，执行才是最重要的。"一个企业永远只做两件事：一是战略，二是执行。日本经营之神松下幸之助认为："一个企业的成功，20%在战略，80%在执行。"企业只有具备强大的执行力，才能遇水搭桥，逢山开路，排除艰难险阻去实现目标。可见，强大的执行力是企业发展的关键，没有执行力就没有竞争力。

丰田是世界十大汽车工业公司之一，全球最大的汽车公司，也是一家特别重视执行力的公司。山田申一从丰田公司退休后，成了一名培训师，他在很多公司进行过指导，他最常说的一句话就是：

共赢领导力
——带团队、出成果、上下同心的实战领导力

"有六成把握的话就要付诸行动。"

他解释说,如果只有五成把握,失败与成功的概率各占一半,会让人觉得成功概率太小;如果有七八成把握,人们又会因为成功率很高而害怕失败,变得小心翼翼,因此有六成把握刚刚好。在丰田公司,若失败了就放弃,然后恢复原样就可以了。

除了倡导"有六成把握的时候就立刻开始行动"外,丰田还鼓励员工要勇于行动,即使失败了,也不会受到他人的任何批评,因此"丰田人"越发勇于实践。

反观我们自己,很多时候会因为"准备还不够充分""不想做""害怕失败"等想法束缚了自己的手脚,难以迈出行动的第一步。我们在准备和思考的路上浪费了太多的时间,在一拖再拖的思想下浪费掉了最后的热情。

丰田则一直提倡"巧迟不如拙速",因为"拙速"虽然效果可能一般,但只要付出了行动,敢于尝试就比什么都重要。丰田会把执行力中所取得的成功经验转变成一种标准,并把它转变成固定成果,然后将这些工作经验和成果推行"横展",人人共享,从而大大提高公司的整体实力。

日本企业家稻盛和夫认为,拥有执行力和正确的思维方式,比

拥有智商、体魄等其他能力更为重要。那些取得优秀成果的人，不仅仅是想到了，更重要的是他们做到了。所以说，执行力不是学来的，不是想来的，而是干出来的。

二、提升执行力，应以成果为导向

在上一节，我们讲过执行力是干出来的，没有付诸行动，执行力就等于零。这个道理众所周知，可有一种情况却令人十分疑惑：我明明每天都在行动，都在全力以赴，为什么结果还是不理想呢？

那么，该怎样提升执行力呢？在回答这个问题之前，先要搞清楚什么是执行力。要说清楚什么是执行力，就要从员工与企业的关系说起，从商业本质上来说，两者是交换关系，员工拿自己所创造的价值来交换企业为其提供的薪酬、福利、待遇以及成长所需要的平台。换句话说，就是员工用自己为企业所创造的成果来和企业交换他所需要的成果。

若员工与企业之间进行的是等价交换，这便成为成果，而非结果，因为结果与成果之间有很大的区别，结果可以是好的，也可以是坏的；可以是有绩效的，也可以是没有绩效的，但企业要的是有绩效的结果、好的结果，这些便是成果。所以提升企业的执行力，一定要以成果为思维导向。

如果不以成果为思维导向，即使执行了，也得不到好的结果。比如招聘，公司要求人力资源部在月底前招聘到若干员工。人力资源部每天邀约应聘者面试，一个月面试十几人，但是到月底并没有合适人员到岗。领导很生气，对人力资源部提出了批评，人资总监很委屈，认为自己已经很努力了，招不到人入职并不完全是自己部门的过错。

请问，人资总监的委屈有没有道理？是没有道理的。人力资源部招聘的目的是招到合适的人，是招新人入职、到岗。邀约很多人来面试只是一个过程，不是成果。同样的道理，企业中有不少员工每天都来公司上班，都在做事情，但做了，不等于做到，做到了，不等于做好，这就是企业执行了，却没有成果的根本原因。

企业需要持续为社会提供无数的成果来获得发展，而企业向社会提供的成果都是由员工来创造的，倘若员工不能为企业提供所需要的成果，企业与员工之间就谈不上是等价交换。员工的执行力弱，企业就不能获得发展所需要的成果。

执行力是为了实现任务目标所做出的有效努力，执行力高低的唯一评价标准就是成果输出是否优质且快速。通常员工对执行力的理解存在以下三大误区，这是导致执行力不高的症结所在。

误区一：把上班当成执行力

有的员工说我每天都按时上下班，每天工作八小时，这不就是在为公司创造价值，输出成果吗？其实不然，每天在岗八小时不假，但是在这八小时里面真正工作的时间是多长呢？可能是五个小时，也可能是三个小时。

另外，员工虽然在上班，但他做的事情可能与上班没有丝毫关系，也与执行目标不沾边。比如，有的员工在上班期间看报纸、喝茶水，聊家长里短，所以，不能说员工上班就是在创造价值，上班不等于成果，不能把上班当成执行力。员工只有在上班的时候做与工作有关的事情，并取得了成果，才是对企业有价值，才是在输出成果。

误区二：把苦劳当成执行力

我们经常听到员工抱怨加班苦，加班费不高，从员工的角度来说，加班就是在为企业创造更多的价值，可从企业的角度来说，只有在加班期间为企业创造价值，加班才是有意义的。

这也是员工与企业产生矛盾的一个重要原因，员工认为自己每天都加班，回家那么晚，还得不到企业的认可，感到很委屈："没有功劳还有苦劳呢！"但企业是不认可苦劳的，企业只看重成果，不会把苦劳当成执行力。

误区三：把努力、勤奋当成执行力

在企业中有这样一类员工，他们工作很努力，也很勤奋，每次领导交代的任务，都会全力以赴，可收入却不理想，他们就会感到企业对自己不公，因为自己的付出与收入不成正比。

从企业的角度来说，这样的员工虽然具有很强的执行力，但是能为企业输出更大的成果吗？并非如此！无论在任何时候，企业要的都是成果，没有成果，没有提高业绩，员工谈努力、谈勤奋，都是空谈，并不会得到企业的认可。因此，千万别把努力、勤奋当成执行力。

企业判断一个员工执行力强不强，只看成果，没有成果，就没有资格谈薪酬，更不会给你讲原因和借口的机会。有些刚毕业的大学生，人生阅历不多，总拿着自己过去的成绩当骄傲，说自己是哪个名牌大学毕业的，有多高的学历，曾经在学校里担任多么重要的职务等。

虽然说学历是入职的敲门砖，但企业最感兴趣的却不是你的学历，你所有的骄傲最多算是你的个人资源，企业最在意的是你的这些个人资源能为企业转化成多少成果，这才是你的价值所在，这也是与企业谈薪酬的资本。

明白了这一点，也就明白了什么是执行力，执行力的本质是什么。从专业的角度来说，执行力指的是贯彻战略意图，完成预定目标的操作能力，它是把企业战略、规划转化成为效益、成果的关键，其内容包括完成任务的意愿、完成任务的能力以及完成任务的程度。

三、成果思维，而非任务思维

现在很多人都有网购的习惯，若卖家承诺三天之内货物就送到，可过了一个星期，你还没有收到货，你就会很着急，会询问卖家为什么货物还没有送到。你的本意是希望卖家给一个具体的到货时间，可卖家会找出很多理由跟你解释，希望能得到你的谅解，结果却是他越解释，你越恼火。因为你要的不是借口和理由，你只要成果。

试想一下，我们在工作中是不是也会犯和卖家同样的错误呢？领导对小王说，今天下午3点，他要召开一个管理层紧急会议，要求小王通知所有经理准时参会。小王立马行动起来，去通知所有经理准时参会。可到了下午3点，领导到会议室之后，却发现只来了

| 共赢领导力
——带团队、出成果、上下同心的实战领导力

10个经理,还有20个经理没有到。

见到这样的场景,领导的心情可想而知,他火冒三丈地质问小王这是怎么回事,小王很委屈,赶紧解释道:"我接到您的通知,立马通知了所有的经理。我先在经理群里发了信息,然后又给他们发了邮件和信息,每个人都通知到了,他们不来,我有什么办法,这事不能怪我啊!腿长在他们身上,我总不能把他们拉来吧?您不能对我发火啊!"

小王的话听上去很有道理,但这只会让领导更加不满,因为小王根本没有搞清楚领导要的是什么。领导要的是成果,即让所有的经理在下午3点来会议室参加紧急会议,至于小王如何做这项工作,以及做这项工作的过程和经历是什么,并不是领导关心的问题。而小王却觉得这些很重要,显然两人的沟通不在同一个水平线上。

在企业中,很多矛盾就是这样产生的,包括员工与领导之间的矛盾,不同部门之间的矛盾等。当一方无法给对方提供想要的成果时,矛盾就产生了。

我们再来看这样一个例子:一家民企的老板下午要召开一个很重要的代理商会议,公司在布置会场的时候,发现麦克风出了问题,不能正常使用了,老板赶紧让他的秘书小赵去买一个新的麦

克风。

秘书小赵风风火火地出门了,先后去了好几家超市、商场,都没有买到。他从早晨一直找到中午,饭也没吃,连口水都没顾得上喝。经过一番折腾,小赵悻悻地回到了公司,老板得知小赵没有买回一个新的麦克风,气得直拍桌子,大吼道:"连一个麦克风都买不到,你回来干吗?"

小赵很委屈,打算一五一十地讲述一下自己是如何努力购买麦克风的,可没等他开口,就被老板赶了出去。平心而论,小赵工作很努力,他为了买麦克风确实想了很多办法,跑了很多地方,可老板为什么还是不满意呢?因为老板要的是成果,他现在需要一个麦克风,而不会在乎小赵是怎么买到的。

通过以上几个案例,可以得知:公司领导关心的一个问题就是成果,他们要下属做任何事情,都是以成果来评价好与坏的,而员工则不是以成果为思维来做事的。

我们来认真思考一下小王和小赵是以怎样的思维做事的。他们接到任务后,立马去做这件事,他们要去完成这个任务,这是一种任务思维。有这种思维的员工,在被领导批评工作做得不好时,他们就会讲出很多理由和借口,会将做事的整个过程以及遇到的困难说给领导听,其目的在于告诉别人:"我努力去完成这个任务了。"

这也是为什么现在有些企业中的员工总喜欢找理由、找借口,这样的员工是不负责任的。

要想成为一个让领导刮目相看的员工,就一定要有成果思维。以小赵购买麦克风这件事为例,如果他用成果思维去做这件事的话,他就应该知道如何去做。首先,他会明确购买麦克风这件事很重要,其次,由于时间紧迫,他就不会一家接一家的店去跑,而是会事先打电话确认,如果没有,完全不需要白跑一趟,大大节省了时间;如果有的话就可以立马赶过去购买。

此外,小赵也会非常注意工作的顺序,他会先从距离较近的超市、商场寻找,没有的话,再给更远的超市、商场打电话,如果都没有,他还会考虑和厂家联系或者去租用一个麦克风。

从小赵处理事情的过程来看,他一直在想方法想策略,总之,不管想什么办法,他都要得到一个最终的结果——购买到麦克风,不影响下午的代理商会议。这就是具有成果思维的员工,这就是一个负责任的员工。

现在我们来思考一下老板让小赵去做什么,是购买麦克风吗?购买麦克风只是一个任务、一个过程,显然,领导要的不是小赵买麦克风的过程,而是买到麦克风。

任务思维与成果思维,其实就是做了与做到的区别,不管你做了多少事情，在未得到成果之前，都等于0，即便你没做什么事情，但拿到了成果，就等于100。

不仅是公司领导，客户也要成果，如本节开头网购的案例，对于卖家而言，我们就是他的客户，我们要的是卖家未能按时送快递的理由和借口吗？我们要的是成果，如果我们迟迟收不到货物，我们会申请退货，甚至会投诉卖家。

企业组织中的任何一个领导以及我们的客户，他们无一例外要的都是成果，执行的最终目的也是拿到成果。为什么"打工皇帝"唐骏的年薪有数亿元，而有的人月薪却不过三千元呢？因为唐骏的执行力超强，他一年能为企业创造数十亿元的营收，所以，他年薪数亿元是情理之中的事情，人家做的是成果，而月薪三千元的人，一直在做任务，做过程，二者完全不在一个层面上，差异大是必然的事情。

四、执行的核心命脉：带动

作为企业的高级管理人员，如何来抓团队的执行力，提升组织的执行力呢？这就要求我们抓住执行的核心命脉——带动。

共赢领导力
——带团队、出成果、上下同心的实战领导力

"带动"的意思是身先士卒,代表的是一种以身作则、率先垂范的责任与担当。要想让团队成员行动起来,就要先带动,谁能带动团队,谁就是领导。领导者一定是一个带动者,他能够带着大家鼓足干劲去完成任务和目标。

如何在公司里带动团队呢?假如你是负责营销一线的领导,你的工作就是坚守一线,与兄弟们一起努力,带着他们一起去拜访客户,一起去研究营销策略,一起面对销售过程中遇到的种种难题。

可实际上,很多人在晋升到公司领导岗位之后,就脱离了一线,整天坐在办公室里下命令,下命令成了工作的全部。早晨一来到公司,就要求员工今天要完成多少工作目标,比如打通100个电话,见5个客户等,剩余的时间就待在办公室里。下午临近下班再来检查员工今天的工作任务是否完成,若员工未能完成,不问青红皂白,将员工一顿痛批。

若是这样当领导,谁都能胜任领导一职。不管不问,只会下命令的领导,毫无领导力可言,结果一定是将团队带成毫无生机的一潭死水。相反,那些优秀的高管,一定是时刻在一线,他们会跟自己的团队干在一起,做在一起,玩在一起,只有坚守在一线,才能充分地了解团队、指挥团队。有些高管没有领导力,很重要的一个原因就是离一线太远、太久了,根本不清楚一线是怎样的

情况。

执行力不是领导要求出来的,而是领导带出来的。特别是在团队刚刚组建还没有成型的时候,领导的工作只有一个,就是带着团队成员一起向前冲,一起吃苦受累,同甘共苦。可能有人会有这样的疑问:领导的职责不是运筹帷幄,排兵布阵吗?

如果我们工作在一家大型公司,手下有数百名员工,作为领导人,确实需要运筹帷幄、排兵布阵,可现在我们的团队只有三五个人,要凝聚力没有凝聚力,要执行力没有执行力,整个团队还如同一盘散沙,在这种情况下,谈运筹帷幄、排兵布阵为时尚早。作为企业的高管,一定要学会放下身段。

领导者要想提高领导力,就要先学会放下身段,不要总是给人一副高高在上、高处不胜寒的领导做派。只有那些与团队站在一起的领导者,才能深得人心,才能带领好团队。

五、五项带动

俗话说:"火车跑得快,全凭车头带。"领导者只有做好"领头羊",才能带领好整个团队。那在团队中领导者要怎么带动,以及要带动什么呢？具体有以下五点。

（一）带动士气和状态

作为高管，一定是一个非常好的带动者，能够时时刻刻地带动整个团队的士气和状态，进入组织的能量势。若高管没有带动团队士气的本领，即便有能力，也很难成事。

可能有人会说："我很在意团队的士气，也经常对他们说要有干劲，要有精神头，可我的团队还是老样子，松松垮垮，没有斗志，怎么办？"对于这个问题，我们先要从自身找原因，作为领导者，如果我们自己都萎靡不振，团队怎么会有士气呢？

俗话说："兵熊熊一个，将熊熊一窝。"领导的情绪往往是一个团队的晴雨表，领导如果情绪低落，员工们的情绪就不会高，团队士气就在领导的负面情绪中消耗掉了。相反，一个富有激情的领导，哪怕是在最困难的时候，也能让走入死胡同的团队柳暗花明。

拿破仑有一次在与敌军作战时，遭遇到了对方顽强的抵抗，拿破仑的队伍损失惨重，队伍面临着生死存亡的关键时刻，每个人都很紧张。就在这时，拿破仑不小心掉入了泥潭，被弄得满身泥巴，狼狈不堪。

可拿破仑一心想着战胜敌军，完全没有顾及自己的形象，聚精会神地指挥战斗，不时地高喊道："冲啊！"手下的士兵见到拿破仑这副滑稽的模样，都忍不住哈哈大笑起来，同时也被拿破仑积极乐观的精神所鼓舞，士兵们群情激昂，奋勇当先，一鼓作气，最终拿下了那场战斗，获得了胜利。

因此，无论在多么困难的时候，高管都要保持乐观积极的心态。情绪像感冒一样是会传染的，你的情绪和状态会感染你团队中的每一个人，有没有一个积极向上的心态，将直接决定团队的战斗力。

高管带领团队，就像老师带领班级一样，如果老师在讲台上讲课有气无力，这个班级的学生学习状态就会很糟糕。班级学习氛围不好，身在这个班级的每个学生都会受到不良影响，都会被负面情绪所左右。若每个学生都带有负能量，这个班级将会处于一个非常糟糕的状态。

因此，高管要想带领好团队，就要从调整自己的士气和状态做起，当自己拥有一个饱满的状态之后，你的一言一行都会给团队带来正能量。遗憾的是，有些高管却不明白这个道理，试图用命令去指挥人，让团队有干劲，这是根本行不通的。

"命令只能指挥人，榜样却能吸引人。"高管就是一个团队中最好的榜样代表，相比于公司的规章制度，榜样的激励是一种温和的

共赢领导力
——带团队、出成果、上下同心的实战领导力

力量,更容易被人接受,对人的影响也更持久。

榜样能在潜移默化中去影响和改变人们的思想和行为。网络上曾流传这样一句话:"和什么样的人在一起,就会有什么样的人生。和勤奋的人在一起,你就不会懒惰;和积极的人在一起,你就不会消沉;与智者同行,你就会不同凡响;与高人为伍,你就能登上巅峰。"

因此,当团队士气不足时,高管需要先反思自己,是不是自己没有带好头,做好榜样呢?将自己调整到最佳状态,再去带领团队,才能达到事半功倍的效果。

除此之外,高管还要掌握一些鼓舞团队士气的小方法,比如善于动口,在团队士气不佳的时候,带领团队喊一喊口号,在体育比赛中,我们经常看到有些运动员在状态不佳时,大喊一声,给自己鼓劲,这样的方法也可以用到团队管理中来。再比如动动手,在团队表现好时,给大家鼓掌,让团队成员之间互相击掌,这也是一种正能量的传递,对鼓舞士气,增强信心大有裨益。

还有一件最忌讳的事情,高管千万不要做,就是在员工面前呈现一脸死相,这会让人感到压抑和痛苦,一定要让员工开心地投入工作状态中去,才能发挥出员工的最大潜能。

（二）带动对制度的遵守和敬畏

"没有规矩不成方圆"，一个公司如果没有制度就无法保障公司正常的运转，在一个团队中如果没有制度，员工执行力就差，团队协作处处存在障碍。总之，"世界上的一切都必须按照一定的规矩秩序各就各位"。

带动是执行的第一生产力，要想提高执行力，高管一定要带动团队遵守制度、敬畏制度、执行制度。有些高管带动不了团队，把团队搞得一盘散沙，自己也没有号召力和影响力，下属根本不听从指挥，其问题很可能出在管理制度上。

小 A 工作能力很强，工作效率极高，领导交给他的任务，他总能提前完成或者超额完成，因此深得领导的赏识，唯一的缺点就是不太守规矩，迟到早退时有发生。

小 A 入职半年后，原先的销售部主管离职了，公司任命小 A 担任公司的销售部主管，结果把团队带得如一盘散沙，每个人都在公司里混日子。后来，公司了解到是小 A 不称职导致的。比如，每周一上午 10 点是各部门开例会的日子，小 A 总是找各种借口拖拖拉拉，常常晚半个小时才出现，时间长了，大家也有样学样，都不遵守规矩。到了开例会的时间，一个部门二三十人，到场的只有三分之一左右。原本团结奋进的团队，在一个毫无规矩、懒散的小 A 领导下，变成了一盘散沙，毫无战斗力。

俗话说："上梁不正下梁歪。"领导尚且如此，员工就会有样学样，也不遵守规矩，因为自身没有遵守，在批评员工时，员工就会和你唱反调，和你对着干，领导的威严和领导力便渐渐丧失了。

因此，作为企业的领导者，一定是制度的捍卫者、制度的执行者、制度的敬畏者。具体来说，应该做好以下三个方面。

（1）自觉遵守公司规章制度。

作为高管，必须有这样的认知：制度是让人遵守的，不是装点门面的花架子。不管在任何时候，都必须自觉遵守制度，这是一个高管必须具备的素质。在这一点上，我们不妨学学"刻板"的德国人。

这是一个发生在德国的故事：一个刚正式上班的年轻人打出租去公司，可在等红灯的时候，红灯迟迟没有变成绿灯，这个人急得不知怎么办才好，司机却十分悠闲地看着报纸，并对年轻人说："现在是红灯，我不能闯红灯，你也不能在这里下车，这是我的职责。"

20分钟之后，红灯变成了绿灯，原来前方发生了交通事故。这个年轻人迟到了，向上司说明了情况，上司表示理解，但按照规定，他还是要接受处罚："没有什么比制度更加客观了。"

遵守公司规章制度，就要先体现在自觉上，不能有人监督是一个样子，无人监督就为所欲为。只有严格要求自己，才能给团队树立好榜样，引导团队自觉去遵守公司规章制度。

（2）敬畏制度，在任何情况下都不能随意破坏。

作为领导者，要对公司制度有敬畏之心，只有这样才能做到自律，明白什么是可以做的，什么是不可以做的，用制度规范自己的言行举止；只有敬畏制度，才能真正尊重制度，并很好地执行制度。

（3）制度必须贯彻落实，制度面前人人平等。

制度的执行力是一个世界性难题，哪个企业、哪个部门都不缺少制度，唯一缺少的是制度的执行力，没有执行力，制度就形同虚设。

有的企业高管习惯拿制度约束别人，自己违背了制度，却能逃避处罚，使其在制度面前高人一等。如此一来，就没有人愿意执行制度了，久而久之，制度就走了形变了样。

日本经营之神松下幸之助有句名言："对产品来说，不是100分就是0分。"任何产品，只要存在一丝一毫的质量问题，就意味着失败。同样，我们对待制度也是如此，不能有一丝一毫的妥协，绝不能有"差不多"的心态。

此外，高管们为了提高员工的制度执行力度，可以改惩罚为积分制，员工表现得好，就给予一定的积分，累计积分到一定额度，就可以换取奖金、休假等福利，效果往往比惩罚更好。

（三）带动业绩和战功

高管必须做好两项工作：一是带动团队出业绩和战功；二是当团队不能出业绩时，领导者要自己出业绩和战功。

（1）带动团队出业绩和战功。

是不是擅长团队管理，就是一个合格的高管呢？不是的！

孙强是一家公司的销售副总，工作很认真很卖力，常规管理很到位，每天抓晨会，每月抓业绩考核，经常巡视检查，对员工赏罚分明，员工犯了错误，绝不姑息。虽然团队的管理十分严格，但团队的业绩一直没有起色。

三个月后，公司就将孙强辞退了，孙强很不服气，向公司细数自己入职以来的种种认真工作的表现，公司的解释是，高管不能只是管理人，一个不能带动团队出业绩的高管是不具备领导力的，是不能胜任高管职位的。

公司聘用高管，不仅是让他来管理团队，更重要的是带领团队出业绩和战功，让团队更加优秀，为公司创造更大的效益，这才是公司最希望看到的结果。

（2）领导者要自己出业绩和战功。

当团队遇到困难，无法出业绩和战功时，高管要挑起大梁。因为高管起的是身先士卒和榜样的作用，必须比员工能力强，出的业绩更多，才能服众，才能激发团队的士气，带动团队再次出业绩和战功，并用成果不断加持团队的信心和能量，这样团队才能越做越好，越做越有信心。

某公司曾经有一个冠军团队，基本上每个月的销售冠军都是这个团队，甚至年销售冠军也是他们。那么，这个团队为什么这么厉害呢？这个团队的领导讲了缘由：在团队成员都在出单的时候，他会把更多的时间和精力放在团队成员身上，帮助团队成员创造更好的业绩，一起努力打破销售纪录。当团队成员很少有人出业绩的时候，他就一个人努力，扛下整个团队的业绩，这样一来，就能使团队一直处于一个良好业绩的状态。

这才是一个优秀的高管。高管带团队的最终目的是什么？就是带业绩，带成果，业绩和成果又会成为团队奋进的动力，推动团队向前冲，给予团队足够的信心和能量，这比任何激励都有效果。

除此之外，高管还要提升业绩能力。那高管如何有效提升业绩能力呢？首先团队管理要善于抓重点。高管的工作内容很多，那么哪些工作是需要重点去做的，哪些工作可以放手让团队自己去做的，高管必须做到心中有数，不能眉毛胡子一把抓，否则就会丢了西瓜捡芝麻。

某集团的总裁经常参与生产一线的品质管理，对产品质量抓得很严，每个环节都要过问，产品出现一点问题，都会暴跳如雷地向员工发难，却很少找负责质量的经理谈话，了解情况。不知道情况的，还以为他是质量经理，这种做法简直是越俎代庖，质量经理都被束之高阁了。

这样的高管既干不好本职工作，也管理不好团队。只有善于抓住工作重点的高管，做起事情来才能游刃有余。

（3）把精力投入在团队发展上。

有些高管一天到晚忙个不停，但团队效率却很低下，因为他把精力用错了地方，没有把精力用在团队发展上。

王东是一家公司的销售总经理，他每天都很忙，要求除小额订单外的其他所有订单业务在与客户高层对接时，各销售总监必须通知他，由他带队一同去拜访客户。与客户对接时，因王东是公司高管，客户非常重视，而且王东也会告诉客户，客户有任何问题都可以找他。

这样一来，客户一有事情就会找王东，不会与销售总监对接，搞得王东一天到晚都忙个不停。殊不知王东这样的做法是本末倒置根本不利于提升团队的业绩。

(四)带动对组织的信任和立场

信任是什么？它是一种精神力量，能够在你无助的时候鼓舞你、激励你，让你永不放弃，保持勇往直前的勇气。卡耐基说过："你有信仰就年轻，疑惑就年老；有自信就年轻，畏惧就年老；有希望就年轻，绝望就年老；岁月使你皮肤起皱，但是失去了热忱，就损伤了灵魂。"

在一个组织中，信任往往是最有效的凝聚力和黏合剂，是组织发展变革而又保持稳定的基本要素。高管一定要带动团队对组织保持坚定的信任，之所以选择这个平台发展，是因为相信公司，这就是一种正能量，高管有责任也有义务将这种信任传达出来。

因为自己的团队，尤其是刚加入公司的员工往往对公司不是很了解，因为不了解，就对公司没有太大的信心，内心是十分忐忑的，当遇到困难的时候，就会摇摆不定，怀疑自己当初选择加入这家公司是错误的。这种思想会通过情绪表达出来，进而影响周边的人，久而久之，这种不良情绪就会在团队中、在部门之间蔓延，使公司处于消极的负能量的状态，这无论是对公司，还是对员工自己

共赢领导力
——带团队、出成果、上下同心的实战领导力

都是不利的。

高管要有预判,尽早消除员工的这些负能量。这就需要我们经营团队信任,可以和员工讲一讲自己进入这个公司之后,是如何跟着公司一步步地发展到今天的。董事长面对公司发展困境时,是如何带领团队一起克服困难、风雨同舟的。在讲解的过程中,让团队对公司、对董事长有一个了解和熟悉的过程,这其实也是在为团队经营一种信任。

最重要的是,高管要现身说法,讲一讲自己来到公司之前是怎样的一个状态,比如,学历不高、经验不足、收入不多,有幸加入公司这个平台之后,在自己身上发生了哪些改变,自己的能力是怎样逐步提高的,以及自己是如何逐渐找到人生目标和梦想、开启不一样的人生的,等等。

当然,我们要如实地讲述,才能打动团队,让团队相信我们所说的是真的,他们才会打消一切顾虑,相信自己选择这家公司、这个老板是正确的,死心塌地地跟着公司,从而以积极向上的心态去工作,并且坚信通过努力,自己也可以让事业和生活发生翻天覆地的变化。当每个人都能如此,团队的能量将是不可估量的。

总之,在职场中,如果高管没有信心,就会决策摇摆、朝令夕改,执行力为零,就好比墙头草,那么,他的下属也会心神不宁,

无心工作，以当一天和尚撞一天钟的心态混日子，这样的团队结局必将是分崩离析的。

（五）带动对组织的敬畏和感恩

在这一节，我们主要讲高管要带动团队对组织的敬畏和感恩，我们分两部分来讲，先讲敬畏，然后讲感恩。

（1）高管要带动团队对组织有敬畏之心。

空降的高管或者新入职的员工，对工作往往兢兢业业，精益求精，会严格按照公司的制度原则去做事，执行力非常强。但是工作多年的高管或者老员工在做事的时候常常会打折扣，为什么会出现这种情况呢？归根结底是缺乏对组织的敬畏之心。

孙琦是一家上市公司的高管，在这家公司任职多年，为公司立下了汗马功劳，大家都很尊敬他，就连孙琦的上司都对他客客气气的。渐渐地，孙琦的心理发生了变化，工作上没有过去那么认真负责，对于公司的规章制度更是不放在眼里。公司再三强调，高管要保守公司的秘密，可孙琦却把这话当耳旁风。

一次，一个在另一家公司就职的朋友邀请孙琦喝酒，几杯酒下肚后，孙琦说话变得口无遮拦，不仅将公司的一些不该说的事情抖搂出去了，还在外人面前说了不少贬低公司的话。后来这些内容被传到网上，引起了轩然大波，给公司带来了恶劣的影响。

最终孙琦被公司开除，临走的时候，孙琦的上司拍着他的肩膀惋惜地说道："记住，作为一个高管，要对组织有敬畏之心，才能自律，才能带好团队。"孙琦后悔不已。

身为高管，若缺乏对组织的敬畏之心，人就会膨胀，一个浮躁膨胀的高管带出的必将是一支糟糕的团队，这不仅会给公司的发展带来不良影响，对自己而言也是有百害而无一利的。

当我们对自己的工作失去敬畏之心时，就很难有进步，对工作持一种马马虎虎的态度，就不会精益求精，而且还很容易破坏公司的规章制度，犯严重的错误；当我们对老板失去敬畏之心时，我们就无法吸收老板身上的智慧与能量。

所以，公司高管要高瞻远瞩，思路宽广，做到功劳面前不膨胀，进步面前找差距，低调不张扬，事业才能长盛不衰。高管在严格要求自己的同时，还要带动整个团队对制度的敬畏与执行，当有人破坏制度、破坏原则的时候，高管要勇敢地站出来制止他，告诉他该如何去做，时刻捍卫公司制度，时刻保持对公司制度的敬畏，这样的团队才有能量。

（2）高管要带动团队对组织有感恩之心。

无论是高管还是员工，他们与公司都是唇齿相依的关系，如果公司没有前途，我们哪里来的事业呢？只有公司前途光明，我们的事业和生活才能蒸蒸日上，所以，我们要对组织有一颗感恩之心。

然而，这个简单的道理并不是人人都懂，他们总习惯将自己与公司对立起来。有一个刚毕业不久的大学生，曾向笔者抱怨，他说自己换了两份工作了，第一份工作，公司给的工资很少，活儿又多，感觉自己的付出与回报不成正比。第二份工作，工资待遇还可以，但是他因为一次错误，就被公司克扣了大半个月的工资，他觉得公司太黑了，所以他离开了那家公司。

听完这个年轻人的抱怨，笔者对他说："你的第一份工作，虽然工资待遇不是很好，但是如果你能考虑到自己是一个刚步入社会的大学生，把这份工作看成磨炼自己的一个机会，那么，你的心里是不是好受一些？在第二份工作中，你犯了错误，被克扣了大半个月的工资，你觉得委屈，你是否想过这个错误会给公司造成多大的损失呢？如果你认真一些，这个错误是否可以避免呢？"

笔者说完后，年轻人沉思了良久后说道："如果我有一颗感恩的心，就不会有这么多烦恼了，也不会有这么极端的想法了。"

感恩是一种普遍的社会道德，我们常常为来自一个陌生人的点滴帮助而感激不尽，却无视组织对我们的种种恩惠，无视组织给我们提供发展的平台和机会。有这样的心态会让我们轻视工作，并把

共赢领导力
——带团队、出成果、上下同心的实战领导力

公司对自己的帮助看作理所应当,甚至时常发牢骚,抱怨不止。

殊不知,每一份工作都不可能尽善尽美,但每一份工作都能让我们收获许多宝贵的经验和资源,成为我们未来成长的铺路石。当我们怀着感恩的心去工作时,就会更加认真、负责,那么,我们也将收获得更多。

当然,一个人是否有感恩的心,也与自己的格局和看待问题的方式有关,有些人只看到对自己不利的一面,对自己有帮助的一面要么视而不见,要么认为是理所当然。

身为高管,有责任带动团队对组织的感恩之心。有了感恩之心,团队就会懂得付出和承担,就会有充分的凝聚力和向心力,这样团队就会强大起来,只有团队强大了,公司才能变得强大,同时团队的强大,又会让我们每个人成长和进步,使我们变得越发强大,也就是说,我们每个人与团队都是同呼吸共命运的关系。正所谓"皮之不存,毛将焉附"。

六、执行有五大黄金步骤

高管抓团队组织的执行力,有一套逻辑和方法,也是执行中最核心、最关键的内容,即执行的五大黄金步骤,如图6-1所示。

图6-1 执行的五大黄金步骤

(一)定目标

目标是执行的第一个步骤,有了清晰的目标,执行才有的放矢。这好比我们驾车出门,只有清楚自己的目的地,我们才知道车应该向哪个方向前进,否则就会像无头苍蝇一样,到处乱撞。

在一些公司里,我们经常看到一些员工整天无所事事,处于消极怠工的状态,只有领导下达了命令,他们才不情愿地动起来,导致工作效率非常低下。之所以会出现这种情况,就是因为他们没有目标,因此要倒逼团队中的每一个成员都找到自己清晰的目标,这是高管必须要思考的问题。要给员工定目标，需要思考以下两个问题。

（1）员工的目标来自哪里。

员工的目标不是闭门造车而来，而是以企业的战略目标为依据进行制定的，企业往往会提前制定出3~5年的短中期目标，给全员的工作指明方向。当公司制定出战略目标后，组织中的每一个人就应思考如何制定自己的年度目标了。不管身处哪个岗位，除了做好自己的本职工作外，还应该认真思考具体做好哪些工作，才能更好地推动公司战略目标的实现。

每年年底全体员工都要进行述职报告，上至董事长，下到普通员工，而且在这一天要集体免职，重新竞聘上岗。述职报告中要讲清楚在过去的一年都做了哪些工作，取得了哪些成绩，以及年度目标是否实现了等。汇报完之后，还应该公布新的一年的年度目标是什么，并由上级领导审核目标是不是以公司战略目标为基础进行制定的，是否需要调整，等领导确定之后，员工就可以执行新的一年的目标了。

员工都做完述职报告之后，要请全员投票，只有三分之二的人通过之后，才可以继续留任，否则就要就地免职，并将其作为评定奖金、升职加薪或者降职调岗的依据。

总之,公司的高层制定战略目标之后,中层领导就要制定年度目标,然后是基层的岗位目标。每个人都有了目标,工作就有了重心,即使领导没有安排、分派任务,每个人也都清楚自己该做什么事情。

(2)确定目标的方法。

在确定目标时,要掌握四种方法:一是向上思考,先长期再短期;二是再次确认;三是 SMART 法则;四是目标必须要有挑战性。

方法一:向上思考,先长期再短期。

首先,在制定目标时,要遵循向上思考的原则。员工不能只制定自己的目标,因为我们的目标是为了实现上级的目标。因此,员工只有先清楚上级的目标,才能制定自己的目标,明确自己的工作方向,这样才不会导致南辕北辙、事倍功半。

其次,还要按照先长期再短期的顺序制定,比如,先制定年度目标,然后制定季度目标,接着是月度目标,最后是每周的目标等。

方法二:再次确认。

将目标制定好之后,要进行再次确认,以确保下属对目标的认识正确无误。高管在工作中经常会发现下属在执行过程中出现偏差的情况,等到目标完成之后,才发现与当初的目标偏离了十万八千里。

为了避免出现这种情况，高管就必须要再三确认目标。下属在接受上级的指令后，往往没有养成和上级再次确认的职业习惯，同样上级在给下级安排指令的时候，没有让下级再复述一遍指令的习惯，从而导致指令不清晰，执行不到位或者偏差较大。

在日本的企业中，管理者给下属布置工作内容时，往往会使用五遍法则，具体步骤如下：

第一遍：渡边君，麻烦你帮我做一件×××事。

第二遍：渡边君，麻烦你重复一遍我刚才让你做什么事情。

第三遍：你觉得我让你做这件事的目的是什么？

第四遍：你觉得做这件事会遇到什么情况，遇到哪些情况需要向我汇报？

第五遍：你有什么更好的建议和想法吗？

经过这五遍沟通，下属就能清楚地知道领导要他做什么，能够执行得非常到位，工作效率也会大大提高。

这一点确实值得我们的高管学习，因为我们不喜欢这样的沟通方式，在给下属布置工作的时候，往往不喜欢说第二遍，认为这是在浪费时间，殊不知最浪费成本和效率的是重做。因为沟通不到位，导致工作重新做，这是最不划算的事情。

还有一种习惯,是高管必须摒弃的陋习——不喜欢下属边干边向自己汇报工作。对于经常找自己汇报工作的下属,高管会认为下属能力不行,不会独立思考、解决问题,还会责备下属:"你不要什么事情都找我解决,自己想办法!"

可等到下属将事情做砸了,高管又会责备他们:"谁让你这么干的,你请示过我吗?"下属俨然成了风箱里的老鼠——两头受气。这都是下属的错吗?我们来看下面的案例。

一位讲师外出讲课,中午的时候,他让助理给他准备午餐,助理给他买了两桶方便面,讲师很生气地问道:"你不知道我不吃泡面吗?"

助理拿走泡面,从饭店买了一碗牛肉炒面,讲师还是很生气:"我不喜欢吃面!"助理又将牛肉炒面改成了蛋炒饭,讲师更生气了:"你为啥不给我弄点肉吃,不然我下午怎么有力气讲课?"助理弄来了肉,讲师已经火冒三丈了:"怎么全是肉,你不知道放些蔬菜,荤素搭配才有营养吗?"

其实很多事情不是下属的错,而是领导布置任务极其不明确,如果这个讲师在一开始就告诉助理,他不吃面条,要吃米饭,且饭菜要荤素搭配,下属很快就能将这件事办妥。

方法三:SMART法则。

要将目标制定得更清晰,大家不妨使用SMART原则,该原则在便于员工更加明确高效工作的同时,更有利于管理者对员工实施绩效考核。SMART原则包括以下五个方面,如图6-2所示。

图6-2　SMART法则

无论是制定团队目标还是员工的绩效目标,都必须符合上述原则,五个原则缺一不可。

方法四:目标必须要有挑战性。

高管在给员工制定业绩目标时,员工往往不愿意接受高挑战的目标,这是因为他们觉得自己能力不够,资源不匹配,无法实现目标。那么,在制定目标时,是要考虑目标的合理性,还是考虑目标的必然性呢?

要回答这个问题,高管就要明白员工是如何判断目标是否合理的,员工往往是以他当下的资源和条件为依据进行判定的。若一个人总是根据现有的条件和能力做事,他做的事情就很有限。实现目标就是要突破自己,实现一个在自己能力之上、跳一跳能够得着的目标。因此，作为管理者要站在更高的维度，在员工制定目标时，考虑的不仅仅是合理性的问题，更应该考虑目标的必然性。

公司制定目标也是一样的道理，必须要实现高增长目标，这主要与三个增长率有关：首先是公司营收增长率，因为人工成本、物资成本、消费指数都在逐年增加，倘若公司营收增长率低于上年，就意味着企业在倒退。其次要考虑行业增长率，当企业的增长率低于行业增长率时，意味着公司在行业中处于下游，不利于企业的发展。最后是标杆增长率，企业要想成为行业第一，如果连增长率都跑不过对手，拿什么和别人竞争呢？

从员工的角度来说，制定高增长目标有利于提升员工的幸福感，因为只有不断完成高增长目标，薪酬才会越来越高，员工才会越来越幸福。

目标具有导向的作用，当我们制定下高增长目标时，即便遇到困难，也会激发我们不断地想方法去克服困难，达成目标。"取法于上，仅得为中；取法于中，故为其下"说的就是这个道理。

（二）定人选

确定了执行目标之后，接下来就要定人选，即由谁来执行目标，若选错了人，就可能给团队、给公司造成很大的损失。

共赢领导力
——带团队、出成果、上下同心的实战领导力

战国时期赵国名将赵奢的儿子赵括,年轻的时候学习过兵法,说起兵事来侃侃而谈,连父亲也难不倒他。后来赵王不听他人劝告,执意让赵括接替廉颇为赵将。结果在长平之战中,赵括只知道按照兵书排兵布阵,不懂得变通,结果被秦军打败,赵国从此一蹶不振。

无独有偶,诸葛亮首次北伐,派马谡驻守在街亭,并嘱咐他当道扎寨,来抵御魏军的进攻,可马谡却自以为是,不听诸葛亮的建议,不顾王平的劝阻,非要在山上扎寨,从而导致蜀军惨败。诸葛亮无奈之下退守汉中,首次北伐便以失败告终。

带兵打仗,选错人,会打败仗,执行目标亦是如此,选错了人,会导致执行不到位,目标无法实现。因此,领导者一定要懂得知人善任,清楚什么事情应该安排什么人来做,把人选对了,事情才能办得妥当。在确定人选时,要注意两点:一是挑选执行人,二是责任到人。

(1)挑选执行人。

挑选执行人是执行目标过程中最重要的一个环节,这就好比穿衣服系纽扣,如果第一粒纽扣系错了,后面的纽扣都会扣错位置,就会产生一系列连锁反应。

在挑选执行人时,要根据具体任务来确定人选,要全面评估执

行人的能力，避免选才错位，因为一个优秀的销售员可能是差劲的团队经理，一个天才的研发工程师可能是低效的项目经理。

每个人都有自己的优点与缺点，都有自己擅长与不擅长的事情，领导者要有一双识别下属的慧眼，要清楚把什么人放在什么样的位置才能发挥其最大潜能，绝不能把刀子当锤子使用。

（2）责任到人。

笔者的公司每周都会召集经理们开会，在会议结束后，笔者对他们说："麻烦大家帮我把桌椅摆放好。"可大家就像没听见一样，没有人主动会做这件事。有一次开会结束后，笔者对一位王姓经理说："王经理，你找几个人，把会议室收拾一下。"情况就完全不一样了，会议室被收拾得很整齐很干净。

为什么会出现两种截然相反的结果呢？在20世纪60年代，美国有两位心理学教授Bibb Latane和John Darley，他们做了一个有趣的实验：在一个房间里模拟烟雾，如果有一个人发现有烟雾，举报的概率高达75%。如果有3个人发现了烟雾，举报率下降到了38%。把实验对象增加到5个人，举报率降至10%。

这个实验说明旁观者越多，行动的人就越少，这就是心理学中的旁观者效应，又称为责任分散效应，是指对某一件事来说，如果是单个个体被要求单独完成任务，责任感就会很强，会做出积极的反应。但是如果要求一个群体共同完成一项任务，群体中的每个个体的责任感就会很弱，面对困难或遇到责任往往会退缩。因为前者独立承担责任，后者期望别人多承担责任。

这提醒我们在选定执行人之后，还要进一步责任到人，比如，领导交代给团队一个任务，首先，我们要圈定这个团队的成员，其次，选出团队中的负责人，这样才能有利于任务的顺利实施与完成。

在这方面我们有必要向海尔学习。海尔电冰箱厂有一个五层楼的材料科，这个材料科总共有2945块玻璃，每块玻璃上都有一张小纸条，纸条上印着两个编码，一个编码上写着负责擦这块玻璃的人是谁，另一个编码上写着谁负责检查这块玻璃的擦洗情况。

这仅仅是车间里的一扇窗户的玻璃，谁来负责擦洗，谁来负责检查，都标注得明明白白，更不要说海尔对生产和销售会要求多么严格，一定也是责任到人的。

海尔OEC（Overall Every Control and Clear）管理法即日清法，是由三个体系构成的：目标体系—日清体系—激励机制。如图6-3所示。

图6-3　海尔OEC管理法

海尔 OEC 管理法对工作的分解强调"三个一"，即分解量化到每一个人、每一天、每一项工作，并及时检查调整。也就是说，每天的事情都有人来管，做到"总账不漏项、事事有人管、管事凭效果、管人凭考核"。

在海尔，大到机器设备，小到一块玻璃，都会清楚地标明责任人和事件检查的监督人，有详细的工作内容和严格的考核标准，从而形成环环相扣的责任链，做到"罚有据，奖有理"。

生产一台海尔冰箱总共有 156 道工序，海尔将这 156 道工序分为 545 项责任，并将每一项责任都落实到每个人身上，使每个人都对自己的工作成果负责，从而确保企业生产出高质量的产品。

海尔的成功提醒我们，凡事做到"责任到人"，才能"人人都管事，事事有人管"，从而确保强有力的执行力，使企业目标准确实现。

（三）定措施

某机械厂从去年开始推行目标管理，为了发挥各职能部门的作用，充分调动全厂 1500 多名员工的积极性。该机械厂先对厂部和科室实施了目标管理，经过半年的试点后，逐步推广到全厂各车间、工段和班组。

共赢领导力
——带团队、出成果、上下同心的实战领导力

该机械厂先制定出总目标，然后制定部门目标，再把目标进一步分解，并层层落实到每个人。目标制定好后，就进入了目标实施阶段，鼓励大家加油干。到了年终，该厂采用"自我评价"和上级主管部门评价相结合的做法对目标成果进行评定，却发现很多目标都没有实现，这是为什么呢？

确定了执行目标，选对了人，目标就能顺利实现吗？当然不是，目标能否实现的关键是有没有得当的措施和方法。从这个机械厂的案例中我们可以看出，该厂制定目标和对目标成果评定都有一定的方法，但是对目标的实施却没有具体的方法和措施，这也是很多企业都会犯的毛病，认为目标都制定好了，给大家鼓鼓劲，加油干，就能顺利实现目标。

优秀的公司在年终定好来年的奋斗目标后，会举行一次大规模的头脑风暴，先是公司高层，接着是公司中层，最后是基层，头脑风暴的目的是找到达成目标的措施和方法。

假如公司去年实现的营业额是5000万元，今年的目标是1亿元，那么，该如何完成这1亿元的营业额呢？在措施和方法上肯定不能像去年一样，这就需要群策群力，大家一起开动脑筋，想一想用什么样的方法来完成这个高增长的目标。

常用的一个方法是标杆流程法。现在我们假定明年的营业额目标是 1 亿元，结合标杆流程法，来具体讲一讲如何操作。

19 世纪末 20 世纪初意大利经济学家巴莱多发现了著名的二八定律，即在任何一组东西中，最重要的只占其中一小部分，约 20%，其余 80% 尽管是多数，却是次要的。这一定律同样体现在公司员工的绩效上，在一个公司里面，通常是 20% 的员工创造了公司 80% 的绩效。

我们按照这个标准，可以将这 20% 的员工划分为 A 类员工，另外的 70% 员工划分为 B 类员工，剩下的 10% 为 C 类员工。由于这三类员工创造的绩效不同，因此在目标实施的方法和策略上也应该有所区别。

如果我们能让 B 类员工变成 A 类员工，是不是距离我们 1 亿元的营业额目标就更进一步呢？但是 B 类员工无法成为 A 类员工，主要是因为能力不匹配，他们缺乏像 A 类员工一样的做事方法，因此，我们可以把 A 类员工的做事方法提炼出来，将其复制给 B 类员工，让 B 类员工掌握 A 类员工做事的方法流程和步骤。

我们复制出来的 A 类员工越多，公司的绩效就越好，完成目标的可能性就越大。那么，具体操作步骤是怎样的呢？如图 6-4

所示。

图6-4 标杆流程法

第一步：识别A类员工。

首先我们需要在全体员工中找出A类员工，这是非常重要的，企业有必要在每年都做一件重要的事情——人才盘点，清楚哪些人是A类，他们是公司里重要的人才资源。

第二步：梳理成可复制的流程。

将A类员工识别出来之后，我们要对A类员工进行深入研究、剖析、总结，将A类员工的方法梳理出来，变成可复制的流程，方便学习和模仿。

第三步：训练B类员工。

通过第二步这个过程，我们可以将复杂的事情简单化，简单化的事情流程化，流程化的事情标准化，就可以对B进行训练，通过学习、培训，将B复制成优秀的A，让每个人都能做到A那样优秀，成为销售精英。

那么，C类员工该如何处理呢？我们可以再给他们一次机会，限定在一定时间内,将绩效提高到一定程度,比如,在三个月内将绩效提高10%,要求必须具体,具有可操作性。如果C类员工未能达到要求,就应该予以辞退,同时也给那些不积极的员工敲响警钟,激励员工奋发图强。

在辞退员工的问题上,要注意两点:首先要对不合格的员工有一个清晰的界定,由多名考核人员一起进行考核,最终得出结果,这样才能让被辞退的员工心服口服。值得注意的是,领导者切勿意气用事,不能心情不好就辞退员工,这样做难以服众,也对员工有失公平公正。

其次,在处理不合格员工的过程中,要注意方式方法,不能因为个别不合格员工的处理不当,而给其他员工心理上造成较大的负面影响,更不能因为领导者的原因对其所在的团队产生消极的认知,从而让其他员工人心惶惶。

有些企业在处理不合格员工时,往往在私下进行,其他员工都不知情,直到某个员工没有上班,才知道被辞退了,至于为何被辞退,却无人知晓,因为不清楚才会产生恐慌。消除恐慌的最好方法就是透明公开,公开考核标准和考核结果,就能消除质疑与疑虑。

（四）控进度

公司马上要在三亚召开课程，这是一件非常重要的事情，张总监安排小赵专门负责会务事宜，距离课程召开还有一天的时间，张总监才发现小赵有很多工作都做得十分不到位。

比如，酒店虽然订了，但没有给客户预留出更多的房间，因所订酒店靠海，旁边没有其他酒店，且当下属于旺季，不能提前预订，所以根本不可能有空的房间可入住。这有可能导致三四百个客户来了之后没地方可住，通知客户改变行程也行不通，很多客户已经订好了机票。

造成这样的局面，责任在小赵还是张总监呢？主要责任在张总监，因为张总监在工作中忽视了控制进度的重要性。控制进度是执行过程中非常重要的一环，将直接决定工作能否按照既定目标完成。作为高管，一定要管控下属执行特定任务的整个过程和进度，不然很容易造成失控，将自己陷入被动之中。

如果张总监能够随时了解小赵的工作进度，比如什么时候订了酒店，订了多少房间，会场准备到什么程度了，每一步都在张经理的计划掌控之中，遇到问题就能及时做出调整，不会出现临近课程召开才发现诸多问题，此时弥补已经为时已晚。

控制进度对一项工作的顺利完成起着至关重要的作用，所以高管就要做好以下三个"确保"，具体如图6-5所示。

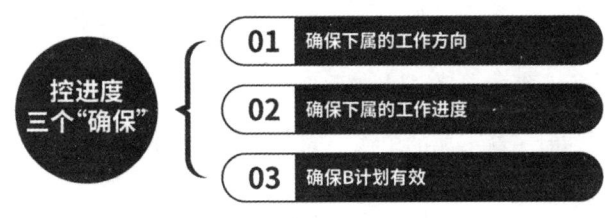

图6-5　高管三个"确保"

第一，确保下属的工作方向。正确的方向是达成目标的前提，开始的时候方向就错了，就好比缘木求鱼，越努力错误越多。下属在工作时，很容易被过程带着走，忘记了方向，把控好方向是高管的重要职责。

当我们驾车去往一个陌生的地方时，我们首先要定好导航，在驾驶的过程中，我们会随时检查导航和所行驶的路线是否一致，如果出现"跑偏"的情况，就要及时纠正，不然结果便会"失之毫厘，谬以千里"。

方向错了，是重大问题，高管负有不可推卸的责任，这是由高管与下属的位置决定的，高管相当于站在山顶的人，下属则是站在山脚的人，两人的位置不同，看到的风景自然不同，高瞻远瞩的意识是高管必须具备的素质之一。

第二，确保下属的工作进度。方向对了，我们还需要随时保证下属能按照计划来推进工作，目标的达成不会是一帆风顺的，下属在执行的过程中会遇到很多障碍和问题，若得不到帮助，问题和障碍越积越多，就会导致下属半途而废。

高管随时了解下属的工作进度，其好处在于及时发现下属可能遇到的问题和障碍，并能在第一时间给他提供帮助和资源，从而确保下属能够顺利地将工作完成。

第三，确保B计划有效。下属在推进一项工作时，通常只会做一个A计划，但一个成熟的高管，他在做A计划的同时，还会制订相应的B计划，以确保A计划万一失败，还能立即启动B计划。

既然控制进度那么重要，那么如何对进度进行控制呢？具体方法主要有以下三个，如图6-6所示。

图6-6　控制进度的三个方法

第六章 高管执行力

第一,管一层看两层。C 的直属领导是 B,B 的直属领导是 A,过去 A 只看一层 B,只听 B 的汇报,A 做出的很多判断和决策都是根据 B 的汇报得来的。可我们是否想过 B 的汇报是否真实呢?B 的汇报会不会有问题?B 的汇报是否有局限性?会不会导致 A 的决策和判断出错?

因此,高层在控制进度的时候,一定要管一层看两层,即不仅要听 B 的汇报,还要听 C 的汇报。这与我们常说的"走到群众中去,就能听到最真实的声音"是一个道理。

因为高层把事情交给 B 去做,B 不一定亲自去做,B 可能把事情安排给了 C 做,当我们问 B 这件事是否做了,B 会回答"做了",可真的做了吗?甚至做得怎么样,可能连他自己都不清楚。高管直接听 C 的汇报,岂不是更直接、更真实?

比如,某总公司在开分公司管理层会议时,总经理特意将几个部门总监叫过来,多次强调未来半年要主抓人才培养和人才建设这项工作,并要求每个月开设将军课堂。总经理要了解分公司是否将这项工作做好了,直接问部门总监并不是最佳选择,不如直接问分公司的员工:"这个月,部门总监有没有给你们开设将军课堂呢?"这样一来,总经理就很容易地知道事情是否真正落实了。

缺乏管控，会导致事情交代下去，却没有了下文，久而久之，执行力就几乎成了零，再好的决策都将毁于执行力。

第二，亲审周报。一般情况下，C会把周报发给自己的直属领导B，我们不妨要求C在给B发周报的时候，给A抄送一份，这样A就可以通过C发送的周报，去了解B的工作完成情况，因为A交给B的很多工作，都是由C来完成的。

第三，该出手就出手。领导者将事情授权给下属去做，并不等于放权。授权能加强下属的主人翁意识，能让下属发挥更好的主动权。但是，当发现授权给下属的很多事情，下属做不了、完不成的时候，领导者要果断出手。如果发现下属不能达成目标，领导者却听之任之，这是极大的不负责，不是一个合格的高管。

如果领导者确保了下属的工作方向正确，保证了他的工作进度正常执行，并且在下属遇到阻碍和问题时，给他提供了资源和帮助，但是下属依然无法达成目标，领导者该怎么办呢？立马换人。若换人依然不奏效，领导者就要亲自出马，避免因下属未完成工作，导致自己的目标不能按时完成。

作为高管，必须牢牢记住一点：我们要对目标负责，而不是下属对目标负责。

(五) 定奖惩

不少高管在管理过程中会遇到这样的难题：尽管使出浑身解数，可团队依然像是一台生了锈的机器一样，慢慢吞吞，效率怎么都提不上去。为什么会出现这种情况呢？

美国一位管理学家米契尔·拉伯福，他写过一本书叫《世界上最伟大的管理原则》，书中阐述了这样一个观点："当今许多企业、组织之所以无效率、无生气，归根结底是由于它们的员工考核体系、奖惩制度出了毛病。对今天的组织体而言，其成功的最大障碍，就是我们所要的行为和我们所奖励的行为之间有一大段距离。"拉伯福认为世界上最伟大的管理原则就是："人们会去做受到奖励的事情。"

古语有言："上有所好，下必甚之。"作为领导者，你的奖励和惩罚，其实就是在向外传达你的价值标准。因此，要想让你的下属、员工认同你的价值标准，和你一起努力为企业创造更多的价值，领导者就必须建立自己正确的、明确的价值标准，并通过奖惩措施表现出来。

共赢领导力
——带团队、出成果、上下同心的实战领导力

拉伯福在管理实践中有两大发现：一是你越奖励，你得到的就越多。在任何情况下，人和动物都会做对他（它）们最有利的事。二是在尝试要做正确的事情时，人们总是掉入这样的陷阱：奖励错误的行为，却忽视或者惩罚正确的行为，从而造成这样的结果：我们希望得到A，却无意间奖励了B，却不明白为什么会得到B。

第二种发现包含两层意思：第一，你要求别人做出怎样的行为，与其仅停留在希望和要求上，不如对这种行为做出明白的奖励，这样效果会更好。第二，希望得到A，却得到了B，是因为他们在不经意间奖励了B。

奖惩是企业管理一个长盛不衰的话题，我们要在实践中去实施拉伯福的这些理论，同时又要让奖惩起到积极的作用，这就需要我们进行奖惩时把握以下四个原则。

（1）奖励要大气，惩罚要狠心。

为什么要有这么个原则？这跟人性有关。人性是趋利避害的，往往追求更多的利益，避开更多的危害或损失。只有更多的利益才能深度触动人内心深处的渴望，激发出超出预期的动力和能量，而更多的危害则会让人感到害怕，这种害怕失去的心理会反过来强化激励。

想想，当一家企业开出高于竞争对手的薪酬时，是不是能吸引更多的优秀人才加入呢？当公司制定的奖励措施超出员工的预期时，会不会打造出"狼性团队"呢？当管理干部不认真工作、不出绩效就要被降职、降薪时，会不会让他们头脑清醒呢？

这是人性，大方、大气的奖励，狠心、较重的惩罚，激励效果必然是显著的。

（2）奖罚要在第一时间兑现。

无论是奖励还是惩罚，都必须第一时间兑现，并且要大张旗鼓才能发挥奖惩的最大杀伤力，即奖惩要有即时性。如果奖罚在行为发生后数月才落实，就失去了奖惩的意义。

为什么奖惩要第一时间兑现呢？这与玩游戏上瘾是一个道理。人们对游戏痴迷很重要的一个原因就是奖惩即时性，通关之后，游戏的人会立马得到奖励，还伴随一些激昂的音乐，让人热血沸腾；同样，失败了，游戏也会立马让你受到惩罚。正是这种即时性，让人对游戏欲罢不能：获得奖励之后，想得到更多的奖励；失败受到惩罚后，总想着再努力一把，没准就成功了。

（3）物质奖励与精神奖励缺一不可。

有些公司认为只有物质奖励才能激励人，于是，总是用金钱奖励员工，久而久之，就会让员工唯利是图，还会助长员工的贪心，比如，这次奖励300元，下次若还奖励300元，员工的工作动力就没有那么足了。

当然，只用精神奖励，给员工发证书、通报表扬等，也行不通，这会让员工对荣誉产生免疫力。因此，物质奖励和精神奖励必须都要有，只有二者双管齐下才能最大限度地发挥奖惩的作用。

（4）抓住惩罚与奖励的"命脉"。

领导者在制定奖惩制度时，不能以自我为中心，奖励团队你喜欢的东西，惩罚你认为可以的方式，一定要先了解团队需求和喜好。

在惩罚团队时，一定要注意，切勿过火。一不能违反国家法律，二不能违背社会道德，三不能有损公司形象，四不能有损他人的身体。

媒体就报道过某公司让没有完成业绩的员工在街上爬行，前面还有人举着旗子，拿着摄像机全程录像。这根本不是工作惩罚，这是人格侮辱。这样做不仅违法、违背社会道德，也会使公司的形象受损，给公司带来严重的负面影响。

本章小结：

◎执行力：成果思维

◎执行的核心命脉：带动

◎五项带动：带动士气和状态、带动对制度的遵守和敬畏、带动业绩和战功、带动对组织的信任和立场、带动对组织的敬畏和感恩

◎执行五大黄金步骤：定目标、定人选、定措施、控进度、定奖惩

后记

在经济全球化的浪潮中,现代企业面临着前所未有的机遇和挑战,怎样才能带领企业顺应时代潮流,抓住机遇,勇敢地迎接挑战,使企业实现长久的生存与发展呢?我认为,提高高层管理者的领导力是每个企业都必须认真对待的一件事。

基于这样的背景,我们创作了这本书——《共赢领导力》。本书要传达的思想有两点:一是领导力并非天生的基因带来的能力,而是一系列可模仿、可学习、可操作、可实践的工具,阅读完本书,你会觉得领导力并不高深莫测,而是很接地气,每个人都具备领导力;二是高管不能仅培养管理能力,更要发展领导力,通过领导力、影响力打造出高绩效团队,建立共赢共生组织,实现企业的远大愿景。

随着时代的发展与进步,企业领导者的非职权影响力在领导活动中的作用越来越重要,如何塑造自身的领导魅力,已经成为领导者普遍关注的话题。提高领导力,需要注意两个问题。

首先,领导者的个性魅力是领导者影响和吸引追随者的一种特殊的力量,呈现与时俱进的特点。在不同的时代,追随者对领导者的心理预期是不同的,这就要求领导魅力的内涵也相应地发生变化。领导者只有不断地学习和进步,才能使自己的个性魅力更持久。因循守旧,不思进取,早晚会被追随者所抛弃。

其次,目前国内不少企业老总非常重视自身领导力的培养和提升,个人管理能力、人格魅力,以及对企业运筹帷幄的能力等都得到了大幅度提升,却很少对下属进行领导力的培训。我们必须深刻地认识到,领导力的培训不仅仅是"领导者的专利",而应该给予越来越多的管理者学习和培训的机会。"独木不成林,单丝不成线",只有提高整个管理团队的领导力和组织能力,才能使企业更加强大。